El vendedor de agujeros

Miguel Ángel Mendo
Ilustrado por Ada García

El vendedor
de agujeros

El vendedor de agujeros by Miguel Ángel Mendo, illustrated by Ada Garcia. Copyright © 2004 by Miguel Ángel Mendo. Copyright © 2004 by Editorial Everest, S.A.

Houghton Mifflin Harcourt Edition

Printed in the U.S.A.

ISBN-13: 978-0-547-13694-3
ISBN-10: 0-547-13694-3

3 4 5 6 7 8 9 1083 19 18 17 16

4500598871

INTRODUCCIÓN

El vendedor de agujeros es una pequeña novela de aventuras. La idea de escribirla me surgió a partir de una noche de ésas que estás con los amigos charlando y diciendo tonterías (y creo que muchas cosas interesantes surgen de ese tipo de tonterías). Entre las muchas que se dijeron a mí se me ocurrió que podría estar muy bien que en vez de tener que utilizar taladradoras, uno pudiese ir a la ferretería y comprar "agujeros" del ancho y la profundidad deseada, como actualmente se va a la papelería a comprar letras adhesivas. En fin, que sería divertido que hubiese agujeros-pegatina.

A partir de esa bobada surgió este libro que tienes en las manos. No sé por qué, a los pocos días me acordé de aquella idea y la asocié para siempre a un personaje: Porfirio, que sería el típico representante que va por las casas con su maletín lleno de un amplio muestrario de agujeros intentando conseguir que el ama de casa le deje realizar una demostración gratuita.

Y acabo de darme cuenta de que, de alguna forma, me inspiré en un personaje real de mi infancia. Se trata de un señor bajito y vestido con un desgastado traje gris que venía cada cierto tiempo llamando a los timbres con su maletín y preguntando si teníamos bombillas fundidas. Como ya lo sabíamos, en casa se guardaban todas las bombillas que se estropeaban y se le entregaban a este buen señor, que al cabo de una semana aparecía con las bombillas arregladas. Este hombrecito, aunque parezca sacado de un cuento, existía de verdad, y aún no puedo imaginar cómo hacía para arreglar las bombillas, y menos aún cómo podía vivir de eso.

También ahora me doy cuenta de que la abuela de mi cuento se parece en muchas cosas a mi abuela Crescencia. Era lista como ella sola y no paraba quieta ni un solo instante. Lo que más recuerdo de ella es cuando nos quedábamos los domingos en casa y mirábamos por la ventana cómo pasaba la inmensa riada de gente que salía del estadio de fútbol. Como era de pueblo, debía ser todo un espectáculo para ella.

Por último, tengo que decir que el personaje de Peláez no sé si se trata de una venganza (inofensiva) o de un homenaje oculto a todos los aventureros sin escrúpulos.

Miguel Ángel Mendo

CAPÍTULO I

Una vez, hace muchos años, conocí a un vende-dor de agujeros. Se llamaba Porfirio y era un tipo formidable. Era bastante bajito e iba siempre vestido como yo me imaginaba entonces que iban vestidos los vendedores de cosas raras: con una chaqueta de cuadros, unos pantalones muy anchos y unos grandes zapatones rojos de punta redonda. Lo conocí un día que yo bajaba al pueblo a pasar el verano a casa de mi abuela Josefina, que siempre me esperaba con un delicioso pastel de manzana y una jarra de chocolate caliente en la mesa de la cocina.

Bajé del autobús junto a la plaza mayor, relamiéndome de antemano sólo de pensar en la merienda que me aguardaba, así que es fácil imaginar lo absorto que iba. El hombrecito estaba sentado en uno de los escalones de los soportales, con una pequeña maleta de cuero a su lado.

Fue precisamente este maletín el que propició nuestro encuentro, porque yo, siempre tan despistado, tropecé con él y estuve a punto de caer de bruces. De milagro no me rompí la crisma.

Pero al maletín le tocó peor suerte. Del golpe bajó pegando brincos los cuatro escalones, y al llegar abajo, no sé cómo, saltaron las cerraduras y volaron por los aires dos grandes carpetas de las que salieron unas extrañas cosas negras y redondas que se esparcieron por todo el suelo.

—¡Dios mío! —exclamó el hombre poniéndose en pie de un salto—. ¡No te muevas, por lo que más quieras! ¡Quédate donde estás! —gritó, con los cuatro pelos que tenía de punta.

Yo miré asustado, tratando de averiguar qué peligro podían representar aquellos redondeles oscuros de tan diferentes tamaños que estaban repartidos por todas partes a nuestro alrededor.

Me sentía culpable y avergonzado de haber ocasionado aquel desastre, pero, la verdad, no me parecieron peligrosos. Sólo temía que se hubiese roto alguno. Así que, olvidando sus advertencias, me agaché para ayudarle a recogerlos y cuando fui a levantar uno, que no sería mayor que el plato de una taza de té, vi, atónito, que mi mano, en lugar de agarrar el redondel, se metía dentro de él. No podía comprenderlo. Di un traspiés y cuando me quise dar cuenta me había caído y estaba con una pierna metida bajo el suelo, como si me la hubiese absorbido el pavimento de la plaza. Menos mal que en la otra esquina unos gitanos estaban haciendo sus malabarismos con música de tambor y trompeta y no había nadie cerca de nosotros, porque, si no, seguro que también se habría colado dentro de los redondeles.

Miré al suelo a mi alrededor: había decenas de ellos, unos anchos como tapas de sartén, otros más pe-

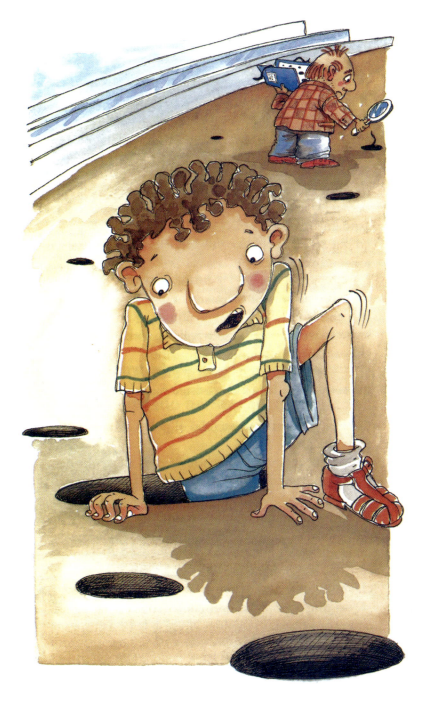

queños que un botón. Cuando me quise dar cuenta, el hombre ya los había recogido casi todos. Se movía con agilidad y en silencio con un extraño espejo en la mano. Colocaba el espejo sobre los agujeros, apretaba un botón que tenía en la empuñadura y el agujero desaparecía: el suelo quedaba tan firme como antes; luego ponía el espejo de cara a unas hojas que había dentro de los carpetones, volvía a apretar el botón y allí quedaban los agujeros, planos como platos negros. En un santiamén llegó a mi lado, sacó mi pierna del agujero en que se había colado y, sin decir palabra, lo trasladó a la carpeta. Hecho lo cual resopló, se secó el sudor con un pañuelo y metió las carpetas dentro de la maleta. Yo le miraba entusiasmado, aún sentado en el suelo y con la boca abierta. Por último, el hombrecito se sentó sobre su maletín, se arregló su corbatita de lunares y se quedó mirándome muy serio.

—Será mejor que lo deje para otro día —dijo como si estuviese hablando consigo mismo.

—¿Cómo? —dije yo.

El hombrecillo se sacudió el polvo de una manga de la chaqueta.

—Que me parece que hoy no es el mejor día para empezar a vender. Ni hoy ni nunca.

—¿A vender qué? —dije yo levantándome, francamente interesado.

—Nada, olvídalo. Me vuelvo a casa —dijo cogiendo la maleta—. ¿Dónde estaba la estación de autobuses? Ah, sí, por aquella calle. Adiós, chico —y se marchó al instante.

—¡Eh, oiga! —salí corriendo detrás de él—. Ni siquiera le he pedido perdón. No sé si le he estropeado algo. De verdad que lo siento mucho —le dije y, sinceramente, me sentía como si por mi culpa tuviera que irse.

—No te preocupes, muchacho —me dijo mientras seguía caminando—. Creo que, en el fondo, ha estado muy bien ese tropezón tuyo. He visto las cosas más claras. Me vuelvo a casa y ya veremos qué ocurre.

Y sin decir más llegamos a la parada de autobuses. Al parecer, el suyo, que iba a la capital, salía enseguida, así que subió en él, se sentó junto a una ventanilla en la parte de atrás y allí se quedó mirando el cogote del señor que tenía delante. Parecía muy triste.

El autobús estaba a punto de salir. La capital estaba lejos, aunque yo no había estado nunca, y era evidente que ya no volvería a ver nunca más a aquel enigmático hombre.

Sin pensármelo dos veces me aupé a la rueda del autobús, me acerqué como pude a su ventanilla y cuando estaba muy cerca le dije: "adiós". Él, primero se dio un susto, luego me miró, sonrió y me dijo: "adiós".

En ese momento el cobrador daba la señal para salir. El motor comenzó a bramar.

—¡Eh, chaval, bájate de ahí, que nos vamos! —me gritó alguien desde dentro.

—Oiga —dije todo nervioso al oído del hombre—, ¿qué lleva en la maleta? Prometo no decírselo a nadie.

Permaneció un momento callado.

—Ya lo has visto —me contestó—. Agujeros —y se quedó mirándome a los ojos muy serio.

Un gran bocinazo retumbó en toda la explanada.

—¡Que te bajes de ahí, chico, que arrancamos!

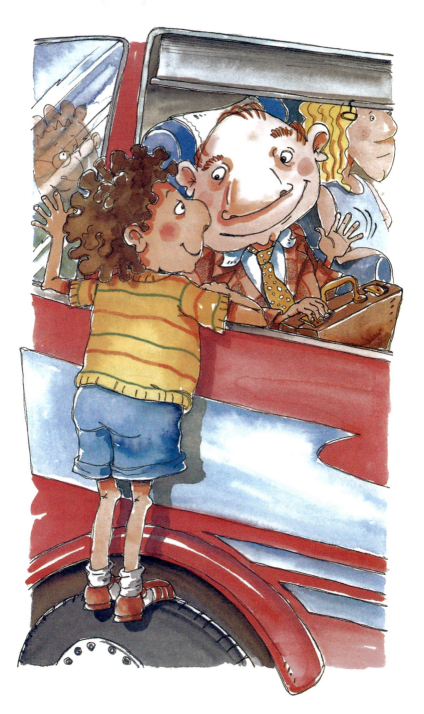

No sé cómo bajé, pero lo que sí sé es que bajé mal, porque me caí contra el suelo. Al instante, una nube de humo pestilente me envolvió y el autobús, haciendo un ruido infernal, se alejó poco a poco camino de la carretera.

CAPÍTULO II

No pudo llegar muy lejos el pobre cacharro. Al ir a subir la cuesta del mercado renqueando como un cachalote herido, el motor dio un recital de estampidos y dijo que no seguía. Allí se quedó, humeando y resoplando, en medio de la cuesta. A mí me dio un vuelco el corazón y eché a correr hacia el autobús. Todos los familiares que habían ido a despedir a los viajeros se acercaron también. De entre el lío de voces y discusiones de la gente, los portazos que daba el conductor, completamente desesperado, las explicaciones a gritos del cobrador, diciendo que hasta la mañana siguiente no habría otro autobús, y el ajetreo de equipajes que un par de paisanos repartían encaramados a lo alto del autobús mientras los de abajo les gritaban: "¡esa cesta!, ¡esa cesta!", o "¡aquel baúl de la derecha!", de entre toda esa confusión, impávido y silencioso, surgió de nuevo Porfirio con su maletín en la mano y, yo creo que sin saber a dónde, se alejó del tumulto.

Ya iba yo a darle alcance cuando una mano me detuvo. Era mi abuela Josefina, que había salido a buscarme a la estación de autobuses al ver que no llegaba a casa.

—¡Espere un momento, abuela, que ahora vuelvo! —le dije echando a correr.

El hombrecito había vuelto otra vez a la plaza y, como me imaginé, estaba sentado de nuevo bajo los soportales, en el mismo sitio en el que lo encontré por primera vez.

—Oiga, señor —le dije jadeando y cuidándome mucho de no volver a tropezar con su maletín—, si no tiene sitio para dormir esta noche, en casa de mi abuela hay muchas camas.

Porfirio me echó una mirada y sonrió con cierta tristeza.

—De verdad se lo digo. Mi abuela es muy buena persona y estoy seguro de que no le molestará.

—Mira, jovencito…, ¿cómo te llamas? —comenzó a decir Porfirio.

—Alfredo —contesté.

—Mira, Alfredo, como tú comprenderás yo no puedo llegar ahora a casa de tu abuela con…

En ese momento apareció mi abuela.

—Muchacho, pero ¿dónde te metes?

Porfirio se puso en pie. Era muy educado.

—Señora…

—Ah, usted es de los que se han tenido que quedar en tierra —dijo mi abuela acercándose para verle la cara—. Y no es de aquí. ¡Qué faena! Verdaderamente esos autobuses son unas auténticas cafeteras. Y a lo mejor llevaba usted prisa…

—Bueno, la verdad es que… —balbuceó Porfirio sin saber qué contestar.

—Pues nada —le cortó la abuela—, se viene usted a casa, pasa la noche allí y por la mañana, a las ocho, le despierto para que llegue a tiempo de coger el autobús. De aquí no paran de salir autobuses para la capital —dijo mi abuela, orgullosa de su pueblo.

El hombrecito no supo qué contestar, entre otras cosas porque mi abuela ya había echado a andar, rezongando porque decía que el chocolate ya estaría frío y cosas así. Yo, de pie ante él, con el maletín en la mano, esperaba su respuesta con el corazón en vilo. Él miró al suelo, se puso la mano en la cabeza, suspiró, me miró a mí, y sin decir nada, me cogió el maletín de la mano y echó a andar a mi lado.

Quería que se sintiese cómodo durante el camino, así que no paré de hablar. Le pregunté algunas cosas sin importancia y fui señalándole al pasar los monumentos que normalmente se enseñaban a los turistas: las murallas, la iglesia románica, el palacio de los duques… Le conté que yo vivía en el olivar con mis padres, cerca del pueblo, y que en vacaciones venía a casa de mi abuela… Él hablaba poco, pero yo creo que por timidez. En un momento determinado se volvió de repente, como si hubiese visto algo extraño. Yo miré también y creí ver a alguien que corría a esconderse detrás de una esquina.

Porfirio hizo un gesto de preocupación y de fastidio. Le pregunté qué había visto. No dijo nada que yo pudiese entender, porque se puso a hablar entre dientes; pero a partir de entonces y hasta que llegamos a casa de la abuela, no dejó de ir mirando a todos los lados y ya no prestó atención a lo que yo le contaba. Parecía preocupado.

El chocolate no estaba frío, pero mi abuela lo calentó de todas formas. No puedo comprender todavía de dónde sacaba las energías mi querida abuela. Tenía casi ochenta años y no paraba quieta un solo instante: siempre estaba haciendo algo, yo creo que porque se aburría muchísimo sin ir corriendo de acá para allá, barriendo lo que estaba limpio, arreglando lo que no estaba estropeado. Vivía sola (no soportaba la idea de que alguien la creyese una inútil y por eso no quería sirvienta) y tenía la casa limpia y reluciente.

Porfirio y yo, cuando terminamos de merendar, fuimos a buscarla para ver dónde instalábamos al viajero, que todavía seguía con su timidez. No había manera de encontrarla. Mi abuela era así, nada diplomática, como la buena gente del campo; había desaparecido y estaría en algún rincón de la casa (una inmensa casa de dos pisos), del almacén o de la huerta, sin preocuparse para nada de quedar bien con sus invitados.

Después de dar varias vueltas por los pasillos, de subir y bajar escaleras, oímos unos golpes al otro lado de la huerta, en el gallinero. Acudimos allí y vimos a mi abuela tratando de clavar un clavo en una de sus paredes.

—Señora, por favor, permítame; a su edad no debería usted…

Mi abuela le fulminó con la mirada, y dio un martillazo aún más fuerte. Saltó una chispa del cemento y el clavo se dobló por la mitad. Así era mi abuela Josefina.

—Abuela —intervine yo—, ¿por qué no dejas al señor Porfirio, que seguramente lo hará mejor que tú?

—Es inútil —dijo Porfirio—. Harían falta otras herramientas para meter un clavo en esta pared, porque estoy viendo que es de cemento…

La abuela miró primero al grueso clavo doblado y luego a la pared, casi intacta.

—Pues tengo que enganchar aquí la cuerda de tender la ropa. Y el clavo que había está roto. Alfredo, lleva a… a tu amigo…

—Se llama Porfirio, abuela.

—Bueno, pues id los dos al taller de tu abuelo y mirad a ver si hay alguna de esas herramientas allí. ¡Pero no descoloquéis nada! Anda, toma la llave —y sacó una de un gran manojo que llevaba en el mandil.

Aquello me pareció sumamente extraño: nunca dejaba pasar a nadie a aquella habitación, y yo sólo la había visto unos instantes desde el quicio de la puerta, cuando la abuela abría y se encerraba dentro para limpiar.

Porfirio también recibió una sorpresa mayúscula; me di cuenta porque cuando abrimos la puerta del taller se quedó extasiado. Dentro del espacioso cuarto, en perfecto orden, había todos los instrumentos, aparatos y artilugios que uno hubiese podido imaginar. Corrí a abrir las gruesas cortinas del ventanal y la estancia quedó perfectamente iluminada. Porfirio miraba todo aquello como si fuese el tesoro de la cueva de Alí-Babá. Por otra parte, parecía familiarizado con todos los artefactos, porque apretaba y aflojaba resortes, destapaba frascos y olisqueaba dentro como si no hubiese hecho otra cosa en su vida.

—¡Es un laboratorio magnífico! —exclamó al fin Porfirio—. ¡Y todo está en perfecto uso!

Miró en redondo todo el gabinete con sus pequeñas manos en la cintura. Parecía transformado, como si ante aquel panorama se hubiese olvidado por completo de su apocamiento.

—¡Mira lo que hay aquí! —y se fue corriendo hacia el otro lado del laboratorio.

—¿Qué es? —pregunté yo, extasiado, ante un gran tubo de cristal reluciente lleno de plaquitas metálicas.

—Es un espectrógrafo de masas. ¡Y yo que creía que no había uno decente en toda España!

—¿Para qué sirve? —dije con toda mi candidez, que no había conseguido aprobar más que cuatro asignaturas el curso anterior.

—Produce una desviación de partículas atómicas dependiendo de su masa. Aquí se forma el campo magnético, y esto es el colimador. Entonces, los iones, que se producen aquí…

No entendía nada, pero me encantaba oírlo.

No era como el profesor de química, que aburría a las moscas. Porfirio transmitía apasionamiento, y uno deseaba saber muchas cosas para poder participar con él de todo aquello.

A la derecha de ese aparato había una especie de cilindro con símbolos escritos a lo largo de él.

—¿Y esto qué es?

—Esto es el Caracol Telúrico de Chancourtois. ¡Es magnífico! Es una de las primeras tablas de clasificación periódica de los elementos. Es muy antigua, se inventó hacia el año 1860, pero curiosamente, si uno se pone a estudiarla detenidamente puede llegar a descubrir cosas insospechadas que la química actual desconoce —me dijo con cierto aire de complicidad en la voz—. Me sorprende muchísimo que la tenga tu abuelo. ¿A qué se dedica?

—Bueno, mi abuelo murió hace ya tiempo; pero en el pueblo dicen que estaba un poco "majara". Se pasaba las tardes metido aquí y nadie sabe que hubiese inventado nada, aunque él decía que era inventor. De todas formas era muy buena persona y todo el mundo…

—Pero… ¡no es posible! —exclamó de repente Porfirio abalanzándose sobre un grande y extraño aparato lleno de enrevesados tubos de cristal y de lentes.

—¿Qué ocurre? —pregunté al verle tan sumamente excitado.

—¿Dónde está mi maletín? ¡Rápido, búscamelo, por favor! Debe de estar en la cocina. ¡Esto es asombroso!

Salí corriendo como una flecha y volví casi al instante con el maletín. Porfirio lo abrió inmediatamente, arrebatándomelo prácticamente de las manos; parecía que todo su pequeño cuerpo temblase de emoción. Buscó entre las carpetas y sacó un grueso cuaderno de tapas duras. Comenzó enseguida a pasar hojas a tal velocidad que apenas podía vérsele la mano. Al fin se detuvo en una página. Allí, rodeado de anotaciones garabateadas en tinta verde, había un minucioso y complicado dibujo que representaba un aparato muy parecido al que teníamos delante de nosotros.

—¡Es el mismo! ¡Tu abuelo inventó un aparato como el mío! —exclamó Porfirio llevando la vista del cuaderno al artefacto y del artefacto al cuaderno como si se hubiese vuelto loco—. Aquí está todo: el transmutador, el ionizador, el neutralizador de fuerzas de

Van der Waals, y ¡éste debe ser el compresor de energía reticular que tanto tiempo me costó perfeccionar!

En uno de los lados del aparato, que estaba montado sobre una peana giratoria, había algo parecido a un microscopio, aunque también recordaba a unos prismáticos muy complicados, y, junto a él, una serie de frasquitos perfectamente colocados en sus compartimentos. Porfirio rebuscó entre ellos y al fin cogió uno en cuya etiqueta se leía:

PRECIPITADO FINAL

Y debajo:

FIJADOR DE VACÍO

Miró hacia el ventanal con la boca abierta y los ojos redondos como platos. Se quedó así, como abobado, mucho tiempo. Luego me miró a mí sin cambiar de expresión, y me dijo muy solemnemente:

—Tu abuelo era un genio.

CAPÍTULO III

Me impresionó su forma de decirlo. Yo ya suponía que el abuelo Genaro era un genio, pero oírselo decir a alguien como Porfirio era emocionante.

—Tu abuelo consiguió lo que yo, tras muchos años de investigación, no he logrado todavía —me dijo levantando el frasco en la mano—. Todavía no he podido comprender cómo es posible que los dos estuviésemos buscando lo mismo…; es casi increíble… En cualquier caso, después de tantos años, no he logrado obtener la fórmula del fijador de vacío. Ahí me quedé estancado.

Yo puse cara de no entender mucho, y sin embargo seguía sumamente interesado.

—Mira… —dijo él abriendo el maletín y sacando una carpeta. Pero se detuvo un instante dudando—. Te lo voy a explicar —dijo al fin y, desprendiendo una de las extrañas hojas llenas de círculos negros, la colocó debajo del microscopio, acercó un taburete a la mesa y me hizo subir en él para que mirase—. Tienes que asegurarme que guardarás el secreto —añadió mirándome muy serio a los ojos.

Yo tragué saliva y asentí con fuerza.

—Pues bien, escucha: eso que ves en el microscopio es un agujero, como los que viste antes, sólo que muy aumentado. Está colocado sobre un papel-espejo especial y por eso no se aprecia su profundidad, sólo parece un círculo plano. Pero mira con atención y comprobarás que no está fijado, es decir, que no está quieto, para decirlo de una forma que me entiendas.

Yo miré por el aparato y vi, efectivamente, una serie de remolinos y de espirales en constante movimiento. Era como un agua negra, muy negra, que nunca estuviese en reposo. Ver aquello producía cierto desasosiego.

—Pues con este líquido de tu abuelo podemos conseguir que se quede quieto. ¿Entiendes?

—¿Y qué diferencia hay entre un agujero que no esté quieto y otro que sí?

—Muchísima —respondió Porfirio cogiendo un lápiz y un papel para explicármelo—. Si nosotros queremos poner un agujero de treinta centímetros de profundidad en el suelo, por ejemplo, para plantar un árbol sin necesidad de cavar, y resulta que el agujero no está quieto, puede suceder que al día siguiente tenga cincuenta centímetros de profundidad y el árbol se cuele dentro —e hizo un dibujo con un árbol dentro de un agujero—. O también puede suceder que crezca a lo ancho y se haga cada vez más grande, sin que se pueda hacer nada para evitarlo. Es decir, no podemos prever qué va a hacer ese agujero ni hacia dónde se va a dirigir. Puede que se mueva muy poquito, unos milímetros al año, o que no pare nunca de crecer, depende de que esté muy vivo o no, por decirlo así.

—¿Y todo lo que atraviesa el agujero desaparece?

—Exactamente.

Di un resoplido. Ahora ya sí entendía la importancia de ese frasquito.

—¿Y tus agujeros están muy vivos? —pregunté.

—No se sabe. Unos sí y otros no —dijo él. Luego su cara cambió de expresión. Bajó aún más la voz—. El problema es que no puedo seguir investigando, porque mi laboratorio se incendió hace una semana. No sé cómo pudo ocurrir, pero el caso es que se quemó todo. Sólo pude salvar lo que ves en el maletín: mis apuntes y algunas muestras de agujeros y de espejos. Sólo lo más importante.

—¿Y a qué has venido a este pueblo? ¿A buscar a mi abuelo?

—No —respondió Porfirio—; ni siquiera sabía que hubiese alguien que estuviese investigando lo mismo que yo. Ha sido una increíble casualidad que yo esté aquí ahora, que tú tropezases con mi maletín, lo de que se estropease el autobús ... —Porfirio se quedó unos instantes callado, como pensando en ello—. Aún no lo entiendo. Pero no, ni siquiera sé por qué he venido a parar a este pueblo. Cogí un autobús, el primero que salía, y… aquí estoy… —un deje de tristeza enturbió su voz.

—¿Y qué pensabas hacer? ¿Has venido a tomarte unas vacaciones?

—No. Qué curioso es todo… Había venido a vender agujeros, fíjate. A veces la desesperación hace que uno pierda la cabeza. Estoy sin amigos, porque siempre he vivido encerrado en mi laboratorio, y para colmo se quema mi casa… —se hizo un denso silencio que yo, siempre tan oportuno, rompí al preguntar:

—Pero si acabas de decir que tus agujeros pueden ser peligrosos, ¿cómo es que ibas a venderlos?

Porfirio me miró fugazmente y, luego, con los ojos algo enrojecidos, agachó la cabeza y se puso a mirarse las uñas.

—En fin, no todos son peligrosos… Y además… —de repente se puso a gritar—. ¡Bueno, ya está bien de preguntas! ¡Ni a ti ni a nadie le voy a consentir que se meta en mi vida privada! —acto seguido comenzó a recoger las carpetas y las metió en el maletín. De nuevo volvía a ser el hombre hosco, distante y misterioso del principio. Su forma de reaccionar me sorprendió. Me dejó helado.

—He decidido irme ahora mismo —dijo cerrando el maletín—. Dile a tu abuela que muchas gracias por todo y que perdone, pero tengo mucha prisa. Tomaré un taxi. ¿Por dónde se sale? —y se puso a caminar hacia la puerta del laboratorio.

Yo le seguía a pocos pasos. Me sentía terriblemente mal, como un perfecto idiota, indiscreto y entrometido.

Sólo me quedaba una carta que jugar para intentar arreglar la situación o para estropearla del todo. Decidí arriesgarme.

—Está vacío —dije tímidamente cuando él ya estaba a punto de traspasar la puerta del laboratorio.

Porfirio se volvió de inmediato.

—¿Cómo dices?

—Que está vacío. El frasco del precipitado está vacío. Está roto por abajo —respondí tratando de que no se me quebrase la voz.

El hombre, colorado como un tomate, dejó el maletín en el suelo. Metió la mano en el bolsillo de la americana y sacó el frasco de "fijador de vacío" de mi abuelo. Lo miró. Efectivamente, estaba rajado por la parte de abajo; aunque como era de cristal marrón oscuro apenas si se notaba.

Dentro no había ni una gota de líquido. Él, con la emoción, no se había dado cuenta antes; yo sí.

Porfirio puso el frasco en mi mano.

—Lo siento —dijo con voz temblorosa. No sabía qué decir, ni siquiera se atrevía a mirarme. Yo tampoco podía hablar, tenía en la garganta un nudo tan apretado que casi me dolía. En ese momento me arrepentí de haber hablado.

Lentamente, sin levantar un solo instante la mirada del suelo, completamente humillado, Porfirio cogió el maletín y salió por la puerta sin decir una palabra más. Estaba seguro de que lo único que deseaba en aquel momento era desaparecer de aquella casa lo antes posible. Y que lo tragase la tierra para siempre.

—¿Qué pasa con esas herramientas? —increpó mi abuela al final del pasillo—. Tengo la ropa esperando.

—Es que no encontramos nada que sirva —intervine yo rápidamente—. Ya íbamos, ¿verdad, Porfirio?

—¿Lo habéis dejado todo en su sitio? —siguió ella.

Porfirio me miró. Fue a decir algo, pero yo me adelanté.

—Sí, abuela. Todo está en su sitio. No hemos descolocado nada.

—Pues venga; algo habréis encontrado que pueda servir, digo yo…

Tiré de la chaqueta de nuestro invitado; quería llevarle al gallinero y que se olvidase del incidente, pero no, Porfirio se derrumbó. En el fondo era incapaz de engañar. Era como un niño. Y, como un niño, se lo contó todo a mi abuela. Allí sentados a la mesa de la gran cocina parecía que estaba a punto de echarse a llorar. Le habló del incendio de su laboratorio, que él sospechaba que había sido provocado por un sórdido y envidioso compañero de estudios llamado Peláez, le habló de su desesperación, de los agujeros vivos, de que no tenía ni un duro, de su disparatada idea de irse a vender los agujeros casa por casa a cualquier pueblo perdido sin preocuparle si sería peligroso o no, de cómo el destino le había puesto inesperada y milagrosamente delante de la solución a todos sus problemas: el "fijador de vacío" estaba allí, en el laboratorio del abuelo Genaro, en su mano. Lo único que tenía que hacer era dejarlo caer en el bolsillo y su invento estaría por fin acabado. Por eso lo cogió. No pudo resistirse a la tentación.

—Pero además de que su nieto me descubrió, para colmo el frasco estaba vacío —continuó su narración Porfirio sin levantar la mirada de la mesa—. Sólo queda que llamen ustedes a la policía. No me importa, lo merezco. Sobre todo por haber actuado así en esta casa, contigo —y me señaló a mí— y con tu abuela, que tan bien me habéis tratado. No tengo perdón.

La abuela escuchaba en silencio. Traté de adivinar algún sentimiento en aquel arrugado rostro tras oír la estrafalaria historia de los agujeros y del intento de robo, que por si fuera poco se había producido en el laboratorio del abuelo.

Por fin, tras un largo y tenso silencio, mi abuela se levantó, lentamente, como siempre, a causa de su edad, y desapareció por la puerta de la cocina, dejándonos solos a Porfirio y a mí, callados, desolados, sin saber qué iba a pasar. Yo me temía lo peor, y creo que Porfirio también, por la expresión de la cara de mi abuela, que no presagiaba nada bueno. Seguramente habría ido al salón, donde estaba el viejo teléfono de pared, a llamar al cuartelillo de la Guardia Civil.

Porfirio, en el fondo, parecía tranquilo, como si se hubiese quitado un enorme peso de encima.

Yo no sé ni cómo estaba. Sé que deseaba que nada de esto hubiera pasado, no haber conocido a Porfirio, incluso. Un final así era insoportable.

Al cabo de un rato, que a mí me pareció infinito, apareció mi abuela en la cocina. Traía consigo un gran cartapacio, que abultaba casi tanto como ella. Con manos temblorosas lo dejó caer sobre la mesa. Sopló la tapa, que tenía algo de polvo (cosa insospechada, porque mi abuela limpiaba y limpiaba siempre todo) y lo abrió.

Era un álbum de fotos. Bueno, al menos eso era lo que parecía al principio, porque tenía fotos. Pero también estaba lleno de anotaciones.

Porfirio y yo nos miramos perplejos.

—Aquí están —dijo al fin mi abuela después de un rato de pasar hojas—. Vea estas fotos —y colocó el álbum, con gran esfuerzo, ante los ojos de Porfirio.

Él miró las fotos. Enseguida levantó la vista como si no creyese lo que estaba viendo.

—¡Es el profesor Bermúdez! —exclamó—. ¿De dónde ha sacado usted estas fotos?

Yo también miré y vi a mi abuelo Genaro en diversas tomas: en una delante de una gran mesa, a la orilla del mar en otra, y sentado a la mesa de un café en la última. Pero siempre acompañado de un joven de aspecto agradable, con grandes orejas y un incipiente bigote, que yo imaginé que sería el tal profesor Bermúdez.

Mi abuela sonreía sin decir nada.

Ante su enigmática sonrisa volví a mirar las fotos. Curiosamente, aquel joven no resultaba tan desconocido como yo había pensado: aquellas orejas, aquel mechón de pelo sobre la frente, aquella mirada… ¡Si era el propio Porfirio, de jovencito, el que estaba junto a mi abuelo!

Mi abuela Josefina seguía sonriendo ante la expresión de desconcierto de Porfirio.

—Bermúdez, como usted dice, era el otro nombre de mi marido, que Dios le tenga en su seno. Se lo ponía cuando salía a dar sus conferencias a la capital, porque no quería que nadie supiese cosas de su vida privada, ni dónde vivía, ni nada de eso. Pensaba que sus inventos tenían que estar en secreto.

—¡Pero si el profesor Bermúdez era mi maestro! ¡Mi querido maestro! —exclamó Porfirio sin salir de su asombro—. Estas fotos nos las hicieron hace más de diez años en un congreso de Física. Y después de este congreso no volví a saber nada de él. De manera que el querido profesor Bermúdez, don Félix Bermúdez… ¿no se llamaba así?

—Se llamaba Genaro Cienfuegos y era mi marido y el abuelo de Alfredo —dijo solemnemente mi abuela—. Cuando te vi allí, en la plaza, te reconocí al momento. Mi Genaro me había hablado mucho de ti. Te tenía mucha confianza. Eras "su" discípulo, el único que tenía. Por cierto, poco antes de morir el pobre, hace casi nueve años de esto, y estando ya enfermo, me dio esta carta para que te la enviase sin falta —y sacó un gran sobre amarillento que había dentro del álbum y que, efectivamente, estaba dirigido a nombre de Porfirio Mingorance—. A la semana y media me la devolvió el correo, porque parece ser que habías cambiado de dirección —continuó la abuela.

Porfirio asintió con la cabeza.

—Así, ahora ya puedo entregártela. No sabes la preocupación que he tenido yo con este sobre —y se lo dio.

Porfirio parecía, otra vez, más contento que un niño con zapatos nuevos. Sin embargo, una sombra de tristeza pasó repentinamente delante de sus ojos.

—Pero lo del robo del frasco no puede justificarse —dijo apartando la mirada y volviendo la cabeza de un lado para otro.

—Mira, no te rompas la cabeza —contestó mi abuela—. Ya sé yo que los inventores estáis un poco chiflados (y lo sé por experiencia, ¿eh?). Os dejaríais cortar un brazo por encontrar una fórmula que se os resiste —mi abuela reía dejando ver todas las muelas que le faltaban. Porfirio enrojeció una vez más.

—¿Sabéis qué es lo único que no me gusta de todo esto? —y me miró a mí—. Pues que no me hayáis solucionado lo de la cuerda de tender la ropa. ¡Puñales, con tantos agujeros que lleváis ahí, ya podíais ponerme uno en la pared del gallinero! Ya sé que estarán hechos para cosas más importantes, pero uno pequeñito tampoco lo echaréis mucho de menos, ¿no?

Yo me levanté de la silla dando un brinco.

—¡Eso es! —grité—. ¡Podemos mirar por el microscopio y buscar uno que no esté vivo! Me encantaría ver cómo funcionan.

Porfirio, emocionado, con los ojos brillantes y con esas grandes orejas (aquellas fotos hicieron que ya no las pudiese olvidar nunca), cogió el maletín y se dejó llevar hacia el laboratorio del abuelo sin decir nada. Llevaba el sobre en la mano, y lo aferraba como si fuese el plano de una mina de oro.

CAPÍTULO IV

A la mañana siguiente fui yo el primero en salir de la cama. Cuando se levantó la abuela y me vio en la cocina hirviendo la leche, me apartó de los fogones, revisó la lumbre y, aunque yo la había encendido bien, me llamó "mechulero" (cosa que yo siempre he imaginado que debía significar algo entre "entrometido" y "lechuguino") y me echó de la cocina. La verdad es que nunca me había levantado de la cama antes que ella, que madrugaba más que las gallinas. Pero aquella mañana me sentía feliz y el tiempo en aquellos momentos me parecía tan importante que cada segundo que pasaba me ponía más nervioso.

Así es que, impaciente, me acerqué al cuarto de Porfirio a escuchar. Se oían ruidos. Se estaba vistiendo: magnífico. Corrí al laboratorio, cogí la hoja de agujeros pequeños que había seleccionado la noche anterior y el espejo del maletín, y en un santiamén me planté de nuevo en la puerta de su habitación a esperar a que saliese.

—¿Vamos a poner el agujero en el corral? —le disparé en cuanto apareció por la puerta, enseñándole lo que llevaba en las manos.

—Buenos días —dijo Porfirio con el pelo revuelto y los ojos vidriosos, sin saber todavía muy bien de qué le estaba hablando. Luego miró, parpadeó y comprendió algo a duras penas, porque al verme con los agujeros en la mano se puso serio—. Ten cuidado con eso, Alfredo. No es para jugar —yo me sonrojé y comprendí al instante que tenía razón. Porfirio cambió de tema—. Caray, ¿qué es eso que huele tan bien?

—Es la abuela, que está preparando el desayuno.

—¡Qué hambre tengo! —dijo Porfirio bostezando—. Mira, voy a lavarme, ponemos el agujero en un periquete y nos vamos a desayunar. ¿Vale? Estate aquí, que vengo enseguida.

Mientras le esperaba pensé que no debía de haber dormido mucho. Sobre la mesilla se veían unos papeles, seguramente los de la carta del abuelo.

No tardó demasiado, y enseguida estuvimos en la huerta. El día era fresco y había un poco de viento. El cielo estaba cubierto como anunciando tormenta. Al llegar al gallinero le señalé en la hoja el agujero que había visto al microscopio la noche anterior, pero el caso es que al quitar la hoja del portafolios, como había tantos puntos negros, yo ya no estaba seguro del todo. Le di el espejo, que pesaba lo suyo, pero él no lo cogió.

En cambio, metió la mano en el bolsillo interior de su chaqueta y extrajo algo parecido a una pluma, aunque más bien era un tubo con un espejo en el extremo.

—Ése es muy grande para este agujero —me explicó—. Mira —dijo enseñándome el bolsillo de la chaqueta. Había dos aparatos de ésos más, de mayor tamaño, sujetos con un clip, lo que le hacía un bulto en la americana que yo ya había apreciado antes.

—Ese espejo con asa es para agujeros más grandes —me dijo con las cejas fruncidas; yo capté la indirecta—. Bueno, a ver, ¿dónde había que ponerlo? Ah, sí, aquí. En fin, vas a ver cómo queda, Alfredo. Pero primero hay que aprender las cosas, ¿de acuerdo? Fíjate bien.

Dije que sí con la cabeza, todo azorado. Me había comportado como un tonto aquella mañana. Me imaginé que si le hubiese hecho algo parecido al abuelo…

Porfirio sonrió.

—Bueno, ¿atiendes o no? Se hace así —cogió con cuidado el espejito, lo puso sobre el agujero que yo le había dicho y apretó el botón.

—Ahora lo hemos sacado de la hoja y lo tenemos en el espejo, ¿lo ves? —luego colocó el espejo contra la pared, en el sitio donde estaban las señales que había dejado la abuela al intentar poner el clavo, y apretó de nuevo el botón—. Y ahora está en la pared. Así de fácil. A ver, trae ese clavo, que vamos a ponerlo —cogí el clavo y el martillo del suelo y se lo ofrecí—. Ponlo tú mismo. Bien, el clavo es un poco más ancho, para que no nos quede bailando en el agujero. Menos mal que lo has elegido bien. Bueno, ahora con unos cuantos martillazos ya está terminado el asunto. ¿Te ha gustado?

—¡Es estupendo! —el clavo entró con facilidad con sólo tres golpes y sin embargo quedó firmemente empotrado.

—Pues hala, vamos a desayunar. Que luego tenemos mucho trabajo en el laboratorio. La carta de tu abuelo me ha dado muchas ideas para la estabilización de los agujeros vivos. Por cierto, ¿querrás ser mi ayudante? —me dijo de sopetón cogiéndome del hombro mientras íbamos camino de la cocina.

Yo no deseaba otra cosa en el mundo.

—No sé si te podré servir de mucha ayuda —respondí con timidez—. Me han suspendido en física y química este año.

Porfirio se rió con ganas.

—Igual que a mí —dijo sin dejar de reír—. Y seguro que a tu abuelo también le suspendían siempre.

CAPÍTULO V

Desayunamos los tres tan contentos, especialmente yo, aunque la verdad es que nunca había visto a la abuela tan habladora. Creo que la llegada de Porfirio a casa y el nuevo giro que estaban tomando las cosas la habían rejuvenecido. Yo, por mi parte, estaba deseando que empezásemos a poner en marcha el laboratorio y a revisar aparatos, preparar fórmulas, desempolvar viejos librotes… Estaba dispuesto, incluso, a ponerme a estudiar física y química como un loco. De repente, ya no las odiaba; al revés, me parecían apasionantes. Le conté a la abuela que iba a ser el ayudante de Porfirio y ella me miró con orgullo.

—Pues ya sabes, lo primero que tienes que hacer es no molestarle en el trabajo y hacer todo lo que él te mande. Un aprendiz, para llegar a oficial, necesita ver mucho, preguntar mucho y no hacer nada que no le hayan mandado. Y a lo mejor, así, algún día llegas a maestro, como tu abuelo y como Porfirio.

Porfirio, sentado aún a la mesa de la cocina, escuchó aquella especie de discurso con una leve sonrisa. Cuando la abuela terminó le miré y él asintió muy serio con la cabeza. Estaba claro que la abuela sabía lo que se decía.

—Bueno, al trabajo —dijo al fin Porfirio poniéndose de pie—. Lo primero que vamos a hacer es comprobar el estado de los productos químicos y ver si hace falta encargar algunos a la capital. Y tubos de ensayo, matraces, mecheros Bunsen… Ya te iré explicando qué es eso, tranquilízate.

En esto llegamos a la puerta del laboratorio.

—Y tenemos que hacer llaves. Esta puerta, cuando no estemos dentro ni tú ni yo, debe estar cerrada.

Por fin entramos y… ¿Qué era aquello? Algo había pasado. El suelo estaba lleno de frascos rotos, papeles estrujados, estanterías volcadas.

Había fuego en la mesa de la izquierda. Las llamas crecían por momentos… Porfirio salió por la puerta como una exhalación, sin decir nada, mientras yo seguía allí, paralizado, incapaz de mover un solo dedo. Cuando Porfirio volvió cargado con dos cubos de agua, que no sé de dónde sacaría, entonces reaccioné. No hizo falta más agua, porque afortunadamente habíamos llegado a tiempo y el fuego aún no era muy grande.

Pero el aspecto que presentaba el laboratorio era desolador y, aunque se veía que el que había entrado no había tenido mucho tiempo para actuar, se había ensañado. Parecía la obra de un loco peligroso, de un sádico; alguien tan frío y calculador como para saber esperar el momento más oportuno, y tan irracional y salvaje como para destrozar tanto en tan breves instantes.

Porfirio atravesó la espesa humareda y se adentró en el laboratorio.

—¡Se lo ha llevado! ¡Peláez se lo ha llevado todo! —gritó. Y apareció de nuevo ante mí con el rostro desencajado—. ¡No está el maletín!

La abuela no paraba. Parecía un ciclón, tan delgada y tan consumida, tan pequeñita; pero era un haz de nervios. Era la que más adelantaba, entre otras cosas porque Porfirio no llegaba a concentrarse en la tarea de recoger y ordenarlo todo. De repente se detenía, se quedaba mirando al techo y decía cosas ininteligibles. Luego seguía, y cada objeto que cogía del suelo lo miraba, lo ponía sobre la mesa moviendo de un lado para otro la cabeza y de nuevo se sumergía en una extraña perorata inaudible. Creo que yo miraba como abobado todo aquello porque no entendía del todo el porqué de tal violencia.

—Es peor la apariencia que lo que de verdad se ha roto —dijo la abuela una vez que limpió el suelo y se ordenaron mínimamente las cosas—. No es nada importante, y lo sé bien porque conozco este laboratorio como la palma de mi mano, aunque no sepa para qué sirve cada cacharro de éstos.

Porfirio echó una mirada al taller con el ceño fruncido.

—Puede ser —dijo escuetamente, pero sin que se atisbase un ápice de ilusión en su voz.

—Esta misma tarde podéis empezar a trabajar —dijo la abuela como si tal cosa—. ¿Qué queréis para comer? Hay chuletas y boquerones, ¿qué preferís?

Porfirio estaba atónito.

—Pero… ¿Y el maletín, y los apuntes, y la carpeta con los agujeros…?

—Mira, la cosa ya no tiene remedio, Porfirio —era la primera vez que oía a la abuela pronunciar su nombre—. Si quieres dejarlo todo empantanado tú verás... Ese... ese dichoso Peláez, que el diablo lo lleve, tiene tu secreto. Allá él. A lo mejor le dan el Premio Nobel y todo. ¿Qué ha cambiado? Tú tenías que conseguir que tus agujeros fueran seguros y no has terminado, ¿no? Pues termina ahora. Lo que hagan los demás, ¿qué nos importa? Tú cumple con tu obligación, con lo que tú te habías propuesto hacer. Eso es lo único importante.

Hubo un silencio.

—Bueno, ¿chuletas o pescado?, que no puedo estar aquí toda la mañana contemplándoos.

—Yo prefiero chuletas, abuela —dije por fin.

—Pues los boquerones para la noche, que, si no, se estropean —y se fue.

Porfirio y yo nos quedamos mirándonos. El se mordisqueaba un dedo de la mano. Al fin sonrió un poco e hizo un gesto con la cabeza como diciendo: vamos. Yo me puse en acción como si me hubieran dado cuerda.

Porfirio, siempre tan hermético, no quería hablar del misterioso ladrón incendiario. Parece ser que se llamaba Peláez y que había sido compañero de curso suyo. Había llegado a ser catedrático en la Facultad a base de poner trampas y zancadillas a los demás. Pero al parecer era un físico frustrado y un hombre rencoroso y violento.

Poco a poco, al cabo de una semana todo había vuelto a organizarse y Porfirio llenaba de fórmulas multitud de cuartillas consultando los papeles que había heredado de mi abuelo y los viejos libros que fueron sacados de sus anaqueles.

Y al cabo de quince días, Porfirio (sin toda mi ayuda, pues yo había ido unos días a estar con mis padres y a ver a mi perro "Polizón" y a mis palomas) ya había fabricado una primera tanda de agujeros y se disponía a investigar la fórmula para dar con el precipitado final, el fijador de vacío.

La cosa no eran tan simple. Yo oía continuamente palabras como "crionización", "índices de retrodilatación", "bombardeo de electrones" y cosas así, pero no acababa de encajarlas en las explicaciones elementales que Porfirio me iba dando. Estaba aprendiendo mucho, la verdad, pero no lograba entender casi nada de aquellas complicadas fórmulas. Al parecer, para conseguir el vacío de la materia, es decir, para conseguir un agujero, había que concentrar los átomos y, para ello, había que cambiar su composición electrónica y disolver sus enlaces; luego se condensaban en un espacio tan pequeñísimo que, prácticamente, desaparecían. Como si en el espacio infinito, me decía él, juntásemos todas las estrellas en un determinado punto.

Era, por otro lado, sumamente peligroso, pues se liberaban unas cantidades de energía tales que Porfirio prefería no hablar del asunto, y había momentos en que me hacía salir del laboratorio con el pretexto de que necesitaba una concentración absoluta. Luego, las pruebas con los precipitados fijadores de vacío eran largas y muy delicadas, pues a veces podían producir el efecto contrario y revitalizar el agujero, proceso muy peligroso que había que estar preparado para detener. Había momentos en que, mientras él dejaba caer una mínima gota de un precipitado de prueba, yo tenía que sujetar a unos centímetros una pipeta, dispuesto a verter su contenido en el agujero si él me avisaba, todo ello en cuestión de décimas de segundo y a riesgo de ser súbitamente tragados por el vacío y desaparecer.

Y no exageraba en sus advertencias: hubo un día en que el agujero que estábamos tratando de fijar creció repentinamente varios centímetros ante nuestros ojos, como si fuese una terrorífica boca de serpiente bostezando o una abismal gota de tinta negra creciendo sin parar al caer en un secante. El mango de unas pinzas que había junto al agujero desapareció como por arte de magia, y de no ser porque vertí rápidamente el contenido de mi pipeta en él, no sé cuándo hubiera parado de crecer, engullendo todo a su paso. Aquella experiencia nos dejó temblando a los dos.

Una mañana, inesperadamente, la abuela nos llamó a la cocina. Porfirio y yo acudimos inmediatamente dejando en el laboratorio lo que teníamos entre manos. La cosa parecía seria.

Y lo era. De hecho, volvía con la compra a medio hacer. Aquel día en el mercado no se hablaba más que de ciertos confusos acontecimientos, que nadie sabía explicar bien, sucedidos en la capital. Nunca se compraba el periódico en aquella casa y la vieja radio del salón tenía fundida una lámpara. El trabajo en el laboratorio absorbía prácticamente nuestra atención, por lo que se puede decir que aquellos quince días habíamos estado desconectados de lo que hubiese podido ocurrir en el mundo. Pero aquella mañana sí tuvimos periódico. La abuela, intrigada por el aspecto tan extraño de aquellos rumores lo compró, leyó algunas frases de la primera página y se vino corriendo para casa.

Ahora lo plantaba sobre la mesa, ante nuestros ojos. Los titulares decían:

"COMIENZA LA EVACUACIÓN
DE LOS EDIFICIOS COLINDANTES"

y debajo:

"YA HA DESAPARECIDO TODO UN ALA
DEL MUSEO DE CIENCIAS"

Porfirio se precipitó sobre él. En la foto de la portada se veía un hermoso edificio del siglo pasado semiderruido, aunque más bien daba la sensación de que hubiera sido atacado por un inmenso gusano que, en lugar de manzanas, comiera piedras. En efecto, los muros estaban perforados por unos tremendos agujeros que trazaban un sinuoso recorrido a lo largo de una gran zona del edificio. Los boquetes dejaban al descubierto el interior de algunas salas, varias vitrinas de fósiles estaban limpiamente seccionadas, unas escaleras que subían a la segunda planta también se hallaban incompletas y, a la derecha, donde debería estar el extremo del edificio que simplemente había desaparecido, como si lo hubiesen borrado con una goma de la fotografía, había montones de escombros y un gran agujero que continuaba bajo tierra.

Porfirio comenzó a leer mecánicamente el texto de la noticia:

Científicos de todo el mundo acuden constantemente a nuestra ciudad para estudiar el extraño fenómeno que se está desarrollando ante nuestros ojos. Sir James McFerstain, presidente de la Real Academia Británica de las Ciencias, no ha dudado en declarar a la prensa que se trata de un agujero reptante y que no conoce ningún caso igual. Otros investigadores, entre ellos el reciente Premio Nobel de Física, el austríaco Karl Roskroft, han mostrado idéntica estupefacción ante este espeluznante agujero vivo como ya lo llama la gente de la calle, y se declaran impotentes para detenerlo.

"No conocemos su origen", reconoció Roskroft hablando en nombre de los científicos, "pero probablemente al final comprobaremos que se trata de un fenómeno producido por simples tensiones geológicas de índole sísmica o volcánica".

La población comienza a dar muestras de pánico, pues el devastador agujero, del cual los ingenieros del Ayuntamiento están levantando urgentemente un plano, continúa activo, e incluso, como algunos observadores afirman, cada minuto que pasa se traslada con mayor rapidez. Los bomberos trabajan incansablemente para....

Porfirio levantó la vista, nos miró sin decir nada, se secó el sudor y continuó en la página siguiente:

Existe una curiosa teoría que relaciona el agujero vivo con las obras de instalación de un túnel del Metro en las inmediaciones. La única persona que hasta ahora se ha atrevido a adentrarse en el agujero y a recorrer parte de sus sinuosidades interiores, el popular y valiente periodista Sergio Brandón, declaró esta mañana en una entrevista para la radio que los bordes del agujero son sorprendentemente lisos, por lo que no parece realizado por la mano del hombre, y que probablemente tiene su origen en el túnel del Metro en construcción. Tam-

bién afirmó que ha conseguido una reveladora do-
cumentación secreta que podría ayudar a establecer
la causa de este desastre, y que en este momento la
está estudiando concienzudamente.

Nuestra redacción ha intentado ponerse en contacto
con don Benigno Cordel, ingeniero-jefe de INSUB-
SA (Ingeniería Subterránea, S. A), empresa cons-
tructora contratada oficialmente por la Compañía
del Metro para realizar los túneles bajo la ciudad,
pero al parecer éste se niega a hacer declaraciones a
los medios de comunicación.

El señor Ministro de Obras Públicas se ha persona-
do en el lugar de los hechos y…"

Porfirio dejó de leer y apoyó la frente sobre el borde de la mesa.

Un espeso silencio se creó entre nosotros. Al final
fui yo el que lo rompió:

—Porfirio, ¿crees que un agujero tan grande puede ser parado? ¿Podríamos fijarlo nosotros o ya la cosa no tiene remedio? —sólo de pensarlo me dio un es-
calofrío.

El hombrecito salió poco a poco de su ensimisma-
miento.

—No me cabe en la cabeza cómo puede haber fabricado el maldito Peláez un agujero tan grande en tan
poco tiempo. Aunque, pensándolo bien, no es tan extraño. Es el ser más ambicioso que conozco.

—A lo mejor ese Peláez no está solo —comentó mi
abuela.

—Es muy probable que disponga de ayudantes. Y
además seguramente lo tenía todo calculado hasta el

mínimo detalle: robar las fórmulas teniendo todo preparado para ponerse a fabricar inmediatamente.

—Ese muchacho debe estar mal de aquí —dijo la abuela dándose golpecitos en la frente—. Es un peligro que ande por ahí haciendo esas cosas.

—¿Y por qué no llamamos a la Policía para que le busquen? —propuse yo de repente.

La abuela asintió con la cabeza. Porfirio, sin embargo, se quedó como estaba.

—Si damos su descripción a la Policía con todos sus datos acabarán encontrándole —seguí insistiendo.

—El problema no es sólo que le encuentren. El verdadero problema es el agujero del Metro, que no para de crecer —sentenció Porfirio—. Porque no cabe duda de que ese periodista que se ha metido dentro tiene razón. No sé cómo se las habrá arreglado Peláez, pero ha colado un agujero en el Metro. Y sólo hay alguien en el mundo que pueda pararlo: nosotros… si conseguimos la fórmula definitiva del fijador. Y si viene la Policía se pondrán a investigar, nos llevarán a la capital a hacernos miles de preguntas y la fórmula se quedará sin terminar, ¿comprendéis? Lo importante ahora es detener ese endiablado agujero antes de que se coma media ciudad. Y para eso lo que hay que hacer es seguir trabajando.

Dicho esto se levantó y se fue, como si no hubiese pasado nada. Por supuesto, tenía razón.

Lo que había que hacer era seguir trabajando sin descanso hasta dar con la fórmula.

Pero la manera que tenía Porfirio de reaccionar ante las dificultades me sorprendía siempre.

Porque nunca era igual.

CAPÍTULO VI

Aquella noche Porfirio no durmió. A mí me obligó la abuela, porque yo quería seguir en el laboratorio con mi maestro, como ya le llamaba yo a veces. La abuela trajinaba por la casa sin cesar. Se la veía preocupada, y se desvivía porque a Porfirio no le faltase de nada. Comprendía, como comprendíamos todos, que se trataba de una carrera contra reloj y que la situación era angustiosa.

Cuando por la mañana vimos el periódico nos echamos las manos a la cabeza. No sólo el agujero del metro seguía creciendo y creciendo sin parar, engullendo a su paso calles y edificios, creando el pánico entre la población indefensa, sino que, por si eso fuera poco, comenzaba a cundir la alarma acerca de ciertos hechos extraños también relacionados con agujeros en los lugares más insospechados de la ciudad.

Aunque las noticias no eran muy extensas y no aparecían en las páginas principales, Porfirio descubrió que se referían a agujeros vivos más pequeños que habían comenzado a crecer. Se citaban en el diario algunas extrañas molestias que ciertos ciudadanos habían sufrido en sus casas, tales como rotura de cañerías, desperfectos en algunos muebles, inexplicables perforaciones en los suelos y en las paredes, etc. La noticia no aclaraba nada más, suponíamos que para no acrecentar el pánico entre la población, pero inmediatamente nosotros vimos en el asunto, de nuevo, la mano negra de Peláez.

Fue a Porfirio al que se le ocurrió en ese momento ir a ver, como si hubiese tenido una corazonada, si toda andaba bien por el gallinero.

Acudimos los tres a la huerta y vimos enseguida que la ropa que había tendido la abuela la tarde anterior estaba bien sujeta con pinzas a la cuerda, pero caída por el suelo. El clavo del gallinero se había soltado.

Cuando nos acercamos se confirmaron las terribles sospechas. El agujero que habíamos puesto (y que yo había elegido creyendo que no era activo) había crecido tremendamente, tanto en profundidad como en anchura. Tendría en aquel momento el tamaño de un dedo de ancho y unos veinte centímetros de longitud, y se dirigía hacia la techumbre del gallinero. Comprobé que, curiosamente, cuando el agujero había taladrado totalmente el muro continuaba su camino por el aire, donde presumiblemente se movería con mayor rapidez por encontrar menos resistencia, y continuaba como si tal cosa abriéndose paso por el techo del gallinero hacia las tejas.

Porfirio, un tanto angustiado y tembloroso, sacó precipitadamente una de aquellas estilográficas-espejo que siempre llevaba en el bolsillo interior de su amplia americana y, colocándola sobre el exterior del agujero, apretó el botón. Su mano vibró con fuerza, como si le

costase un gran esfuerzo sujetar el espejo, y tuvo que agarrarlo con las dos manos. El agujero se resistía a entrar en el espejo y le plantaba cara. Miré por dentro del gallinero y vi cómo, sin embargo, iba cediendo, cómo retrocedía intermitentemente milímetro a milímetro. Porfirio parecía que se agotaba, pues el forcejeo se prolongaba. Hizo un último esfuerzo tirando hacia sí del espejo con todas sus fuerzas y, en ese momento sonó un fuerte chasquido que puso punto final a la contienda. El espejo ya no servía para nada, se había quebrado en mil pedazos. Se lo cogí de las manos a Porfirio, que estaba agotado, y lo que es más, derrotado. El agujero seguía allí, en la pared.

Aquel fue un momento muy triste. El cansancio de tantos días de trabajo continuo, junto con la tensión de los últimos días y la falta de reposo habían dejado en los ojos de Porfirio unas terribles huellas.

Una cabeza asomó entonces por encima de la pequeña tapia de la huerta. Era un hombre de unos treinta y tantos años, casi cuarenta, de aspecto agradable. Yo sabía quién era.

—Buenos días. ¿Vive aquí Porfirio Mingorance? —preguntó.

La abuela y Porfirio se miraron alarmados.

—¿Qué desea? —respondió Porfirio.

—Soy Sergio Brandón, periodista —dijo el hombre.

Hubo un silencio. La abuela y el hombrecito volvieron a mirarse y luego me miraron a mí, que intentaba poner cara de circunstancias.

—¿Cómo ha llegado hasta aquí? —inquirió Porfirio a la cabeza que se asomaba.

—Bueno, en mi automóvil.

—Quiero decir, ¿cómo ha conseguido averiguar mi paradero? —corrigió Porfirio.

—Pues, en fin, ustedes me llamaron por teléfono a la redacción del periódico —respondió el hombre desconcertado—. ¿Pero alguno de ustedes es Porfirio Mingorance, sí o no?

De nuevo las miradas que me taladraban, pero esta vez llenas de asombro.

—Le llamé yo ayer —dije al fin—. Se me ocurrió que, aunque no pudiésemos llamar a la Policía, sí que podíamos necesitar ayuda, y pensé en el periodista que se había atrevido a recorrer el agujero por dentro. Es una buena idea, ¿no?

Creo que a ellos dos no les pareció tan buena idea.

—¿Han venido más periodistas con usted? —preguntó Porfirio

—No. El que me llamó me dijo que era un asunto muy especial relacionado con el agujero vivo y me rogó que no hablase del asunto con nadie —respondió el periodista.

En ese momento unas manos aparecieron sobre el borde de la tapia y surgieron unos ojos que nos miraron a todos en silencio.

—Ésta es mi hija. Me acompaña a todas partes ahora que está de vacaciones. Espero que no les importe. Se llama Elvira. ¿Podemos pasar?

La cosa ya no tenía remedio. Si la abuela y Porfirio se negaban a recibir a Brandón lo único que podía ocurrir era que éste se interesase aún más en el asunto y que lo tuviésemos pegado a la casa como una sombra, o que una legión de periodistas acabase por invadir el pueblo intentando conseguir cualquier información acerca de nosotros. En situaciones difíciles, siempre que ocurre algo y nadie encuentra ninguna explicación, los periodistas no paran. Y casi siempre encuentran algo interesante.

La niña me cayó muy bien. Parecía muy despierta y no la encontré nada cursi. Enseguida nos pusimos a hablar y, mientras los mayores conversaban en la cocina, yo tomé una decisión y se la comuniqué a mi nueva aliada. Tenía que darme prisa si quería conseguir que no me dejasen fuera de aquella aventura. No me lo quería perder por nada del mundo. Y ahora que ella había aparecido, muchísimo menos.

Así es que le conté a Elvira toda la historia. Le hablé de Peláez, de mi abuelo, del robo de las fórmulas, del fijador de vacío que Porfirio estaba a punto de conseguir… Y lo entendió todo a la primera. Vi en ella el carácter de persona decidida y valiente que se adivinaba en el rostro de su padre, e improvisando a toda velocidad, le conté lo que me había propuesto hacer. A ella le pareció muy bien. Nunca me había pasado nada parecido: conocer a una persona y saber a los pocos instantes que puedes confiar absolutamente en ella. A Elvira y a mí nos pasó justamente eso.

Así es que para cuando terminaron de hablar mi abuela y Porfirio con el periodista, cuando descubrieron a su vez, más parsimoniosamente, que Sergio Brandón podía ser una persona digna de confianza y muy valiosa a la hora de entrar en acción, una vez que le resumieron todo el asunto, que le mostraron en qué punto se encontraban las investigaciones en el laboratorio, para entonces Elvira y yo ya estábamos montados en un autobús de línea camino de la capital.

CAPÍTULO VII

Yo sabía que Porfirio no se movería de casa de mi abuela hasta que no se diese con la maldita fórmula y Elvira me propuso que nos instalásemos en el piso donde vivían ella y su padre, pues siempre había una llave escondida debajo de la madera del rodapié, junto a la puerta. Allí esperaríamos a que ellos viniesen y a mí me sería más fácil quedarme.

No causábamos inquietud en el resto de los viajeros; parecíamos dos primitos que venían del pueblo, de visitar a la abuela, y que regresaban a sus casas. La emoción para mí era indescriptible.

Era la primera vez que iba a ver la capital, estaba metido hasta el cuello en una historia realmente importante y, por si fuera poco, con una compañera de aventuras perfecta. Así que no es extraño que todo el viaje lo pasásemos hablando como dos cotorras felices y contemplando entusiasmados todo lo que se ofrecía a nuestros ojos.

Cuando llegamos a la ciudad me sentí aún más impresionado. Pero no me dio sensación de agobio, porque por aquel entonces no había tantos coches como ahora. Sin embargo, a mí me pareció inmenso todo aquello. Y lo que más me maravillaba era saber que allí no era observado por nadie, que yo era, como los demás que pasaban por la calle, una persona desconocida, libre.

Cogimos un tranvía. Qué bien. Era como un pequeño tren en medio de la ciudad. Una ciudad que Elvira conocía bastante bien, eso se notaba.

Según me contó, su padre era una persona muy poco acostumbrada a estar pendiente de ella, y tenía una confianza especial en su hija. Se llevaban muy bien y, desde pequeña, ella se había habituado a arreglárselas sin mucha ayuda, pues su madre había muerto cuando ella era muy niña. Pero le encantaba esa sensación de independencia que había adquirido y, por qué no decirlo, a mí también. Adoraba a su padre y quería ser periodista como él cuando fuese mayor.

No teníamos ningún plan concreto y, aunque habíamos dejado una nota sobre la mesa del despacho del laboratorio, pensamos que lo mejor sería llamar por teléfono a casa de la abuela para tranquilizarlos; así que cuando bajamos del tranvía (que hacía un ruido infernal, por cierto) nos encaminamos directamente hacia la casa de Elvira, que estaba en el centro.

En un momento determinado, mientras íbamos andando, mi compañera me dio un codazo y me señaló una amplia glorieta delante de nosotros. Me explicó que era una parte de la zona en la que se encontraba el agujero vivo.

Era impresionante. Por todos lados se oía una especie de zumbido muy débil, pero constante, que pa-

recía remover imperceptiblemente el suelo que pisábamos. Daba pánico. Saber que, un centenar de metros más allá, un vacío devastador y descontrolado se desplazaba sin descanso bajo tierra, emergía y volvía a sumergirse, sin que nadie supiera qué misteriosas fuerzas lo movían… La zona se extendía por otras calles interiores y estaba acordonada por soldados que no dejaban pasar a nadie. Había camiones de bomberos, ambulancias, coches de policía, grupos de hombres con picos y palas… Era algo sobrecogedor.

Decidimos continuar nuestro camino, y por fin llegamos a la casa. Tuvimos que subir en ascensor, porque era el séptimo. Sobre el suelo, que era de madera, había una gruesa alfombra.

La casa me pareció de un lujo para mí desconocido. Y desde allí arriba, asomado a la ventana de la escalera, se veía a la gente tan pequeñita…

De repente algo hizo que me pusiera alerta.

No sé qué fue; tal vez cierta tensión que se respiraba en el ambiente junto con unos ruidos que se oían tras una de las puertas. Precisamente tras la puerta de la casa de Elvira. Su padre no podía haber regresado tan deprisa. O puede que sí; puede que hubiese vuelto a toda velocidad en el coche y nos esperase preocupado. Pero, ¿por qué esos ruidos? Nos acercamos sigilosamente.

El corazón resonaba en mis oídos, su rápido palpitar no me dejaba pensar. Pero me atreví a tocar la puerta. ¡Estaba abierta! Por el resquicio vimos que, dentro, un hombre grueso vestido con un traje azul registraba cajones, derribaba estanterías y vaciaba armarios como un poseso.

Elvira y yo nos miramos. No sabíamos qué hacer. Indudablemente, ese sujeto debía ser el mismísimo Peláez, de eso estábamos seguros; pero ¿qué hacía allí?

Un sentimiento de rabia me invadió por completo. Ese hombre era el causante de todos aquellos insensatos acontecimientos. Abrí la puerta de par en par y, sin pensármelo dos veces, me lancé como una bala de cañón sobre aquel individuo. Con las manos en la cabeza, agachado, embestí directamente contra su tripa, pues él, al oír mi alocada carrera se había vuelto hacia mí.

El impacto debió ser tremendo, porque yo me hice daño en el cuello y oí un estruendo de muebles rotos.

Cuando levanté la cabeza y abrí los ojos, le vi allí, patas arriba, entre libros y sillas, resoplando con dificultad y pugnando por incorporarse. Me miró con un odio indescriptible y supongo que satisfecho de comprobar que el que le había atacado no parecía demasiado peligroso. De hecho me sonrió. Sentí tal miedo que perdí toda capacidad de reacción. Aquel hombre gordo y medio loco estaba levantándose y me miraba como un asesino. Estaba perdido.

Sólo que en ese momento Elvira tuvo una idea genial. Gritó hacia la puerta de la casa, como si viniese más gente con nosotros:

—¡Deprisa, corred, que quiere escapar!

Peláez cambió de expresión. La miró a ella, me miró a mí y luego volvió a mirar a la chica como desconcertado. Y cayó en la trampa. Pegó un brinco, pasó a mi lado como un energúmeno, dio un terrible empujón a Elvira y desapareció por la puerta dando saltos por entre los objetos que había desparramado por el suelo. Yo, inmediatamente, corrí a cerrar la puerta y eché el pestillo.

Elvira se puso a darme palmaditas en el hombro. Estaba radiante.

—¡Qué tío! ¡Menudo trastazo le has pegado!

Yo aún no había podido reaccionar. Todavía estaba digiriendo el miedo que me había hecho pasar Peláez y, sobre todo, andaba sumamente preocupado por adivinar qué es lo que podía hacer aquel ser en aquella casa.

—Mira —dije casi sin aliento—, creo que ésa es la carpeta que llevaba en la mano cuando le tiré al suelo. ¡Se la ha dejado!

Caída junto a un sofá volcado, entreabierta, había una carpeta con papeles. La cogí.

—Espera —dijo ella acercándose rápidamente—. Primero hay que asegurarse de que el hombre ese no va a volver. Porque al salir habrá visto que sólo éramos tú y yo…

Corrí a la mirilla.

—No hay nadie. Es posible que vuelva más tarde; o por la noche, para cogernos desprevenidos. Depende de lo importante que sea para él lo que hay dentro de esta carpeta.

Elvira no dijo nada, pero no debió de quedarse muy tranquila. Empezó a colocar los muebles y a ordenar de nuevo los cajones, así que dejé la carpeta sobre la mesa y me puse a ayudarla.

Tenía la sensación de que aquello ya lo había vivido yo antes. Sí, al tal Peláez le encantaba destrozar cosas, de eso no cabía la menor duda.

Por fin lo organizamos todo. Era un piso muy luminoso, moderno para aquella época, y alegre.

Se estaba bien allí. Llamamos por teléfono a casa de la abuela. Nos echaron una perorata, pero estaban tan atareados en el laboratorio que, pasados los primeros momentos, se calmaron los nervios. El padre de Elvira, Sergio, ayudaba a Porfirio. Les contamos lo del intruso, emocionados, y por la descripción que hicimos, Porfirio nos confirmó que se trataba de Peláez. Enseguida se puso Sergio al teléfono y, a grandes voces (en aquella época se oían muy mal las conferencias), nos explicó detalladamente lo que debíamos hacer con los papeles de la carpeta. Teníamos que ir a la redacción del diario "La Mañana" y entregarle al director, don Roberto, la dichosa carpeta.

Nos dijo que tuviésemos muchísimo cuidado, porque Peláez y otras personas estaban muy interesadas en que aquellos datos no aparecieran publicados, pues eran las únicas pruebas que había sobre la implicación de dichas personas en cierto escándalo. A don Roberto debíamos sugerirle que guardase la carpeta en la caja fuerte del periódico. Luego nos ordenó que volviésemos a llamar por teléfono esa misma noche para que le contásemos cómo había salido todo. Me emocionó mucho oírle decir que era muy importante nuestra misión y que confiaba en nosotros. No podía venir porque era muy posible que el líquido fijador estuviese listo por fin al día siguiente y eso, desde luego, era lo más importante. Por último, nos dijo que nos veríamos en el piso al día siguiente a mediodía, que cerrásemos bien la puerta y, por si acaso, nos dio el teléfono de un amigo suyo de

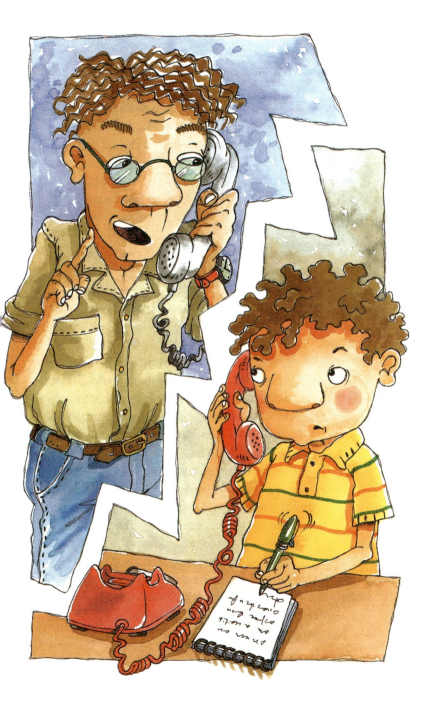

toda confianza para que le llamásemos si lo creíamos necesario.

Después de colgar, mientras Elvira sacaba algunas cosas de comer y abría unas latas, me dediqué a leer los papeles de la carpeta. Parecían contratos, o algo así. En uno de ellos ponía que don Benito Peláez se comprometía a entregar tres agujeros instantáneos marca "BEPEL" (¿sería de BEnito PELáez? ¡Qué caradura!) de ¡50 metros de longitud y 10 de anchura, ni más ni menos!, en el plazo de cinco días, a INSUBSA (Ingeniería Subterránea, S.A), que era la empresa que tenía la concesión de todas las obras de construcción de los túneles del Metro, a cambio de lo cual recibiría, la mitad por adelantado, tres millones de pesetas (¡Caray! ¡Por aquel entonces aquella era una cifra fabulosa!). Por parte de INSUBSA firmaba el contrato don Benigno Cordel, ingeniero-jefe de la empresa.

El segundo contrato era entre el susodicho Peláez y "La Industrial Ferretera, S. A.", y aquí se comprometía a entregar 500 cajas de Agujeros Instantáneos "BEPEL" de diferentes tamaños, para usos domésticos. Estas cajas se venderían en las ferreterías a modo de prueba, conteniendo cada una de ellas un juego de 20 pequeños agujeros instalados en sus Soportes de Espejo "BEPEL" y con Transportador de Agujeros "BEPEL" incluido, todo al precio de 200 pesetas. La Industrial Ferretera pagaba a Peláez por las cajas la cantidad de 1.500.000 pesetas.

Y el tercer contrato era con una empresa de perforaciones petrolíferas PETROLSA, y Peláez vendía dos agujeros de 200 metros de longitud y 50 cm. de sección por 2.500.000 pesetas.

No cabía duda de que el tal Peláez era un tipo ambicioso. Y negociante. En sólo quince días quería sacarse siete millones de pesetas.

De dónde podría haber sacado Sergio Brandón, el padre de Elvira, aquellos documentos, no lo sabíamos, pero estaba claro que Peláez los quería.

Mientras comíamos, Elvira me contó que su padre le había hablado de aquel escándalo. Al parecer, los ingenieros, que firmaban el contrato en el más absoluto de los secretos, conseguirían unos tremendos beneficios ilegales, puesto que los túneles y las perforaciones petrolíferas realizados de forma clásica, con máquinas y obreros, costaban mucho dinero. La idea era, sin que nadie lo supiera, utilizar agujeros instantáneos y quedarse con el dinero sobrante, que eran cantidades fabulosas.

—Encima, los agujeros están fabricados con una fórmula robada —dije yo—. Y están "vivos". ¡Qué desastre!

—¡Menudo lío se va a armar cuando entreguemos los documentos en el periódico y se descubra la trampa! —dijo Elvira levantando los brazos en señal de triunfo—. Ya verás, mañana mi padre escribirá el mejor reportaje de su vida, y luego la Policía…

—Un momento, un momento, Elvira —la interrumpí yo—. Primero hay que conseguir llegar con la carpeta al periódico. Y no va a ser nada fácil, me imagino.

Elvira se quedó cortada.

—¿Es que crees que estarán abajo esperándonos? —abrió los ojos desmesuradamente y se levantó de la mesa, nerviosísima—. Tenemos que pensar algo —dijo con su voz temblorosa.

—Sí, hay que hacer un plan —convine yo.

CAPÍTULO VIII

Con mucho cuidado abrimos el balcón y nos asomamos. Efectivamente, Peláez estaba allí abajo apoyado en un automóvil, fumando un cigarrillo y hablando con otro individuo. Por los gestos que hacía, Elvira y yo pensamos que estaban planteándose la forma de entrar en casa.

—Se me ocurre una idea, aunque no sé si será muy buena —anuncié por fin.

—Venga, di lo que sea; pero rápido, por favor.

—Se trata de ponérselo difícil. El problema es que si salimos juntos nos cogerán; están esperándonos y además tienen un coche. Lo que yo he pensado es que bajemos juntos las escaleras y que, cuando lleguemos a la calle, cada uno de los dos eche a correr para un lado. De esa forma les pillaremos desprevenidos y no sabrán a quién seguir; con eso, al menos tendremos algo de tiempo para intentar librarnos de ellos.

—Me parece una buena idea —repuso ella—, aunque le veo dos pegas a tu plan. Primero: sólo seguirán al que lleve la carpeta, lógicamente.

—Bueno, eso se soluciona llevando cada uno una carpeta, y que las dos sean iguales —contesté.

—Muy bien; de acuerdo. Pero es que, en segundo lugar, Alfredo, tú no conoces la ciudad y, a no ser que cojas un taxi, te vas a perder, y al final te acabarán cazando.

—Es verdad —tuve que reconocer. Por un momento nos quedamos pensando los dos—. ¡Bueno, pues entonces cogemos un taxi! ¡Cómo no se nos había ocurrido antes!

—Sí, pero no creas que es tan fácil encontrar un taxi libre a estas horas —dijo Elvira—. Además, no pienses que esos dos de ahí abajo te iban a dejar…

—Qué lástima…

—Así es que tendremos que ir juntos. Era una buena idea, pero si no conoces las calles…

—Espera un momento, Elvira —dije acercándome a una ventana—. ¿Está muy lejos el periódico?

—No demasiado. Está por aquella zona —y señaló un punto como a unos quinientos metros.

—¿Cerca de aquel rascacielos tan alto?

—Muy cerca. A dos calles de allí.

—Bueno, entonces no hay problema. Yo me oriento bastante bien, y ese edificio seguro que se ve desde muchos sitios. Lo que hacemos es que quedamos citados en la puerta del rascacielos. O, mejor dicho, dentro del portal para que no nos puedan ver. Primero les despistamos y luego nos reunimos con las carpetas allí, ¿vale?

—Vale —dijo Elvira tragando saliva.

—Ahora, vamos a ver, ¿tienes dos carpetas iguales?

—Sí. En el despacho de mi padre habrá —fuimos al despacho. Estábamos nerviosísimos.

—Cogemos estas dos —Elvira sacó el contenido de dos carpetas y lo dejó en la mesa. Quedaban libres dos carpetas azules idénticas.

—Pues ya está. En ésta metemos unos folios en blanco. Y en la otra los contratos.

—Sí, pero ¿quién va a llevar la carpeta buena? —planteó Elvira—. Bueno, como yo conozco las calles, la llevaré yo.

—Sí, pero yo corro más que tú —respondí al instante.

—Eso habrá que verlo —saltó ella.

—Bueno, bueno; no nos vamos a poner a discutir ahora. A lo mejor están a punto de subir, así que no hay tiempo que perder.

—Otra cosa que se puede hacer —dijo Elvira— es que uno lleve un contrato en su carpeta y el otro los otros dos, y así será más fácil que se salve alguno.

—¿Y si llamamos al amigo de tu padre?

—A buenas horas… Acabas de decir que no hay tiempo, ¿no?

—Es cierto. Lo teníamos que haber hecho mucho antes.

—Bueno, venga. ¿Te parece bien la idea de repartir los documentos entre los dos? —urgió ella.

—Pues no sé. La verdad es que me gusta más la otra. Porque lo bueno sería llevarlo todo al periódico. Me fastidiaría mucho perder algún papel.

—Entonces ya está. Hacemos una cosa, metemos todos los contratos en una carpeta, las barajamos y cada uno se lleva la primera que coja.

—De acuerdo. Y no hay que mirar dentro para no saber quién lleva los documentos, ¿vale?

—Vale —dijo ella—. Así correremos los dos como si los llevásemos.

Pues eso fue lo que hicimos, y cada uno se agarró a su carpeta. No había nada más que decir, así que, sin darnos tiempo a pensarlo mucho, abrimos la puerta con todo el sigilo del mundo. No había nadie. Fuimos bajando las escaleras sin decir una palabra, muertos de miedo. A mí la bajada se me hizo eterna.

Y llegamos al portal. En la oscuridad me acerqué a Elvira y le dije al oído:

—Yo hacia la derecha. Tú por la izquierda.

—Vale —susurró.

Luego nos cogimos de la mano, apretamos fuerte y al separarnos echamos a correr lo más rápido que daban nuestras piernas.

Salimos del portal cada uno por su lado como una exhalación y, efectivamente, Peláez y el otro se quedaron atónitos.

Desgraciadamente, el gordo reaccionó inmediatamente.

—¡Maldita sea! ¡Benigno, corra detrás de ella, que yo cojo al chico con el coche! —le oí gritar mientras se metía en el auto y arrancaba.

No sabía ni por dónde me metía. Aunque por culpa de los nervios me costaba un trabajo inmenso pensar, llegué a la deducción de que, como Peláez me seguía con el coche, lo que tenía que hacer era meterme por algún sitio por donde no pudieran pasar los automóviles. Pero no podía perder de vista el rascacielos que, allí a lo lejos, me servía de guía.

Corrí como un loco, pero no encontré ningún callejón estrecho en el que meterme y, como en aquella

época no había apenas semáforos, el coche me dio alcance enseguida.

"Si se baja del coche está perdido", pensé, "porque yo corro más que él, que está muy gordo".

Entonces fue cuando el coche me adelantó, y de un frenazo espantoso, se plantó ante mis narices. La gente que pasaba por la calle se sobresaltó con el chirrido de los frenos. Antes de que tuviera tiempo de girar sobre mis talones vi cómo, casi sin que el coche se detuviera del todo, se abría la puerta de atrás y por ella salía disparado un jovenzuelo alto, muy delgado y con gafas.

¡Dentro del automóvil había otro que no habíamos visto!

—¡Corre, Patiño! ¡Que no se te escape! —gritó Peláez.

Crucé la calle sorteando coches y jugándome la piel. El tal Patiño parecía un ganso, pero tenía las piernas muy largas. Tenía a la izquierda la verja de un parque y al llegar a la puerta me metí en él. Pero nada más cruzar la entrada me choqué de bruces contra un chico. Caímos los dos al suelo. Había otros muchos chicos, y eran todos de mi edad. Debía ser una excursión de esas que hacen los colegios a los museos, con su profesor y todo, aunque no lo entendía muy bien, porque estábamos en verano. El caso es que, del impacto, la carpeta había salido volando. Patiño me vio en el suelo y enseguida me cogió de las solapas y se puso a zarandearme como un loco.

—¡A ver, dame la carpeta inmediatamente!

Yo no la tenía. Intenté darle una patada en cualquier sitio, pero el otro me mantenía a distancia con sus larguísimos brazos sin dejar de darme empellones. De pronto vi, aterrorizado, que uno de los chicos venía hacia nosotros con la carpeta en alto. Patiño, que le vio acercarse, me soltó y se abalanzó sobre él.

—¡No, no se la des! —grité.

Menos mal que el chaval lo comprendió enseguida y, justo cuando Patiño le agarraba, tuvo los suficientes reflejos como para pasársela a un compañero. Éste se la dio a otro, y éste a otro, y a otro, y a otro… Era gracioso: el jovenzuelo, descontrolado, no hacía más que dar ridículos saltos para intentar hacerse con la carpeta; era inútil. Entonces, el profesor, que no entendía nada de todo aquello, intervino. Los chavales se lo estaban pasando de miedo.

—¡Callaos todos! ¿Qué sucede aquí? —le espetó el profesor a Patiño.

—¡Que me entreguen esa carpeta o si no…! —se oyó un abucheo general.

Como la cosa parecía que iba para largo y yo no quería quedarme a discutir, miré a ver quién tenía la carpeta en esos momentos. La tenían entre dos chicos a su espalda. Con mucho cuidado me acerqué a ellos.

—¡Dádmela ahora, rápido! —susurré…

—¡Corre! —dijo el que me la entregó.

La verdad es que siempre había pensado que los chicos de la capital eran medio bobos, pero a partir de entonces cambié de opinión. Porque gracias a ellos me pude escabullir de aquel individuo, al que dejé discutiendo a gritos con el profesor y tratando de librarse del alboroto que estaban organizando los chicos a su alrededor.

Corrí largo tiempo metiéndome por los lugares más inverosímiles, por si acaso. Y por fin me detuve, agotado. No había nadie que me siguiese, me cercioré de ello. ¡Qué bien! Por fin me podía sentar en un banco a tomar aliento. No podía más.

De todas formas no había tiempo que perder.

Ahora se trataba de llegar al rascacielos, del cual podía encontrarme muy lejos y, además, todavía no había pasado todo el peligro. Esos hombres andarían buscándome por todos lados. ¿Qué sería de Elvira? ¿Habría conseguido despistar al suyo? De repente me sentí más tranquilo que nunca. Si le pasase algo…

Me puse a pensar a toda velocidad. Tenía dinero. Ahora, más tranquilamente, podía buscar un taxi y así ahorraría tiempo. Por lo menos los documentos ya estaban seguros en mi poder.

¿Seguros? Me dio un vuelvo el corazón y abrí a toda prisa mi carpeta.

Dentro sólo había folios en blanco.

CAPÍTULO IX

El taxista se quedó de una pieza cuando en vez de decirle el nombre de una calle le señalé un rascacielos que se veía a lo lejos. Yo estaba maravillado con aquel aparatito que zumbaba y te iba diciendo las pesetas y los céntimos que llevabas gastados, pero el pensamiento se me iba constantemente a Elvira. Miraba por la ventanilla a todo lo que se movía, aunque aquella inmensa ciudad no era como el pueblo de mi abuela, de eso no cabía la menor duda. Tal vez sería por la hora, pero había más gente en la calle que antes, y el taxi no avanzaba todo lo rápido que yo hubiese querido. Por si fuera poco tuvimos que pasar junto a la zona del agujero vivo y allí el tráfico se detuvo del todo. Había un tranvía que bloqueaba la salida de la plaza y, a pesar de que varios guardias intentaban ordenar la circulación, seguíamos parados.

Pensé que, en cualquier caso, Elvira me esperaría el tiempo que hiciese falta, si es que había conseguido llegar sana y salva al rascacielos. Y justo cuando estaba pensando en ella, la vi. Estaba agazapada con su carpeta en la puerta de una tienda de ultramarinos, entre los dos escaparates, escondida entre la gente que entraba y salía continuamente. En su cara había miedo. Antes de echar a correr hacia ella, que fue mi primer impulso, se me ocurrió echar un vistazo por la zona de alrededor. Había mucha gente comprando por las tiendas y gran cantidad de curiosos por la zona del agujero. Entre todo ese maremágnum vi enseguida el coche de Peláez. Era un coche muy grande y negro que no se me olvidará nunca.

Junto a él estaba el propio Peláez mirando como un buitre a todos lados. Un poco más allá, vigilando con mil ojos, estaban también el larguirucho que había corrido detrás de mí y el otro, el que perseguía a Elvira, un hombre con un elegante traje y un bigotito recortado al que Peláez llamó Benigno. Daban la impresión de que acababan de perder la pista de Elvira y de que sabían a ciencia cierta que no debía andar muy lejos. Y, efectivamente, la tenían cercada. Sólo tenían que esperar.

Pagué el taxi y me escondí detrás de un coche que había aparcado no demasiado lejos de la tienda, pero a cubierto de nuestros perseguidores. Sin embargo, una vez allí, no sabía qué hacer. Se me ocurrió hacerle señas a Elvira, a ver si me veía. Pero era muy peligroso, porque podían verme igualmente ellos. ¿Qué hacer? De pronto vi que de la zona del agujero cruzaba hacia este lado de la plaza una señora mayor con su bolsa de la compra. Pensé que a lo mejor iba a la tienda de ultramarinos, así es que, cuando pasó junto a mí, sin salir de mi guarida, se lo pregunté. Me dijo que sí, aunque me miró con cara de extrañeza.

—¿Podría decirle a la chica aquella que está en la puerta, que se llama Elvira, que estoy yo aquí, detrás de este coche? Es que estamos jugando al escondite, ¿sabe?

Se fue refunfuñando algo como que ése era un sitio muy peligroso para andar jugando, que ya éramos mayorcitos, y cosas así, pero el caso es que cuando llegó a la tienda vi cómo tocaba a la pobre Elvira en el hombro y, ante su sorpresa, señalaba con el dedo en dirección a mí.

Su cara se transformó por completo. Me sonrió triunfal y me enseñó la carpeta. Ella ya debía de saber que llevaba encima los verdaderos documentos. Le hice señas de que tuviese cuidado y no se confiase, que la estaban vigilando no uno, sino tres hombres. Con la emoción se había olvidado del peligro. Entonces se asustó de veras y se metió más dentro de la tienda. En el lío pisó a una señora que salía de comprar y ésta se puso hecha una fiera. Parecía que la decía que entrase o saliese, pero que no estuviese molestando en medio de la puerta, con lo cual otras personas que querían salir se quedaron atascadas por culpa de la señora.

El gordo y sus secuaces no dejaban de vigilar. Y entonces el de gafas fijó su atención en la tienda de ultramarinos al ver que allí ocurría algo. ¡Horror! ¡Se dirigía hacia donde estaba Elvira! Todo estaba perdido. Ella se dio cuenta de peligro y quiso meterse dentro de la tienda; pero apereció el tendero a poner orden y se plantó delante de ella como una muralla.

Que se fuese a jugar a otro sitio, debía de estar diciéndole.

Entonces intervine yo. Fui directamente, a todo correr, hacia el larguirucho, que iba decidido a inspeccionar lo que pasaba en la tienda y, como por pura casualidad, me crucé con él. Patiño me reconoció al instante y salió corriendo detrás de mí. Inmediatamente, los otros dos, que también me habían visto, acudieron volando. En unos segundos me tenían cercado. Entones cogí mi carpeta, la tiré por encima de ellos y salí corriendo. Tal y como supuse se abalanzaron satisfechos sobre ella y se olvidaron de todo lo demás. La abrieron, miraron dentro y… ¡sorpresa! Papeles en blanco. Cuando quisieron reaccionar ya íbamos Elvira y yo corriendo por entre los coches de la plaza, que seguían allí parados.

Enseguida comprobamos que venían detrás de nosotros y que recuperaban terreno. El último era Peláez, que resoplaba como una ballena, y el que más corría era Patiño. Al llegar al otro lado de la plaza nos encontramos con que no se podía seguir: los soldados no dejaban pasar a nadie.

Pero hacia atrás era imposible, porque venían ellos. Aquello eran un callejón sin salida. Así que no había más que una solución, cogí a Elvira de la mano, y agachándonos, pasamos a toda velocidad entre dos soldados. Oímos gritos y carreras detrás nuestro, pero nosotros ya íbamos saltando entre montones de escombros. Enseguida llegaron ante los soldados nuestros perseguidores y tuvieron que parar. No podía pasar nadie. Entonces vi cómo el del bigote sacaba su cartera, enseñaba su carnet y los soldados les dejaban el paso libre. ¡Naturalmente, cómo no había caído antes, si era Benigno Cordel, el ingeniero-jefe de las obras del Metro, el socio de Peláez! Corrimos aún más, a la desesperada, sin saber a dónde. Elvira aún agarraba la carpeta con fuerza, aunque yo ya veía que no teníamos muchas esperanzas de salvarla. Patiño y el del bigote estaban a dos pasos de nosotros.

De repente el suelo cedió bajo nuestros pies.

La tierra se abrió y caímos al abismo. Por fortuna se formó una especie de rampa y rodamos hacia abajo entre arena y cascotes. Habíamos caído dentro de un oscuro túnel, muy limpio y bastante ancho. Un continuo y profundo estruendo resonaba allí, como si sus paredes palpitasen. No se veía luz hacia ninguno de los dos lados. Arriba en el agujero por el que habíamos entrado, que era lo único que iluminaba el túnel, asomaron tres cabezas. Eran Peláez, su ayudante y el ingeniero.

—¡Salid de ahí! —gritó Peláez, y su voz retumbó cien veces en la oscuridad—. ¡Estáis en el agujero vivo y no podéis escapar!

—¡Venid vosotros a cogernos! —dije yo intentando aparentar entereza.

—¡Os advierto que corréis peligro! —dijo con voz paternal el ingeniero—. ¡El agujero está en plena actividad y puede tragaros en cualquier momento! ¡Si nos entregáis esa carpeta no os pasará nada, os lo prometo!

No había tiempo que perder; había que encontrar una salida fuese como fuese. Si les seguíamos escuchando lo más probable es que acabasen metiéndonos más miedo en el cuerpo y que terminásemos por entregarnos. Cualquier camino era igual para nosotros, así que decidimos echar a correr hacia la izquierda.

—¡No, hacia ese lado no, que está…! —comenzó a decir el ingeniero.

—¡Cállese! —gritó Peláez interrumpiéndole.

En ese momento, Elvira y yo no imaginamos qué es lo que querría decir. Seguíamos avanzando hacia la creciente oscuridad.

A lo lejos, detrás de nosotros, oímos un ruido de cascotes. Era el larguirucho, que bajaba al túnel. Como Peláez y el ingeniero no se atrevían, habían mandado a éste.

El fragor era más fuerte a medida que avanzábamos. Seguir adelante sin saber dónde y sin una luz no tenía mucho sentido. Pero nosotros ya no podíamos pensar, y seguíamos.

—¡Estáis yendo hacia la cabeza del agujero! —nos gritaba Patiño sin vernos. Tenía más miedo que nosotros—. ¡Volved, por favor!

Elvira no decía nada. Yo tampoco. Pero seguíamos corriendo con la esperanza de encontrar un resquicio de luz. Patiño también debía de ir avanzando poco a poco detrás de nosotros, porque su voz no se oía muy lejana. Seguía gritando advertencias con voz quejumbrosa, pero nosotros ya no le escuchábamos.

De repente, delante de nosotros se oyó un inmenso estruendo. El suelo y las paredes comenzaron a temblar con más fuerza, hasta el punto de que perdimos el equilibrio y caímos rodando por tierra. Parecía como si estuviésemos en el centro de un terremoto.

—¡Elvira! —grité. Nos habíamos separado y rodábamos a merced de aquellas terroríficas vibraciones. Aunque la oscuridad era absoluta, tenía la sensación de que algo ominoso me iba absorbiendo sin poder evitarlo. El estruendo era ahora ensordecedor.

—¡Elvira! —grité con todas mis fuerzas. Pero el bramido del agujero no dejó oír mi voz. Conseguí po-

nerme en pie haciendo un tremendo esfuerzo e intenté caminar hacia atrás con los brazos extendidos para ver si podía tocarla. Algo chocó contra mis piernas. Me agaché y palpé.

Por un momento pensé que era Elvira y me dio un brinco el corazón. Pero no. Era Patiño, que se agarraba a mis piernas como un desesperado.

Intenté ayudarle a que se pusiera de pie, pero no lo logré. Estaba aterrorizado. Y lo malo era que no me dejaba moverme a mí y que iba a conseguir que yo también cayera al suelo. Quise soltarme, pero era prácticamente imposible. Estaba aferrado a mí.

Perdí la noción del tiempo. Cuando más impotente me sentía creí ver luces por detrás. Me había parecido percibir un leve resplandor. Pero no; no volví a verlo. De pronto, otra vez. Era como el haz de luz de una linterna. ¡Sí! ¡Alguien venía! ¿Serían Peláez y el ingeniero? No. No se atreverían. Eran unos cobardes que antes de meterse aquí dentro nos dejarían morir. Mejor, incluso, para ellos, porque junto con nosotros desaparecerían también los documentos.

Eran varias personas. Creí ver al menos tres linternas. ¡Por fin!

El terrible rugido que surgía de las entrañas del agujero seguía taladrándome los oídos. El túnel palpitaba con fuerza. Pero aquellos puntos de luz que avanzaban hacia mí me dieron los suficientes ánimos para seguir resistiendo. No perdía el equilibrio, a pesar de que aquel cuerpo que tenía enganchado a mis pies me impedía moverme.

Una luz me hirió en los ojos. Me habían visto.

En medio de mi confusión mental percibí que alguien avanzaba hacia mí, me iluminaba la cara y me abrazaba. Luego llegaron otros. Consiguieron separar de mí a Patiño. Alguien me cogió del brazo y me condujo hacia atrás. Me sentía completamente aturdido, pero a medida que nos íbamos alejando el temblor y el ruido disminuían.

—¡Buscad a Elvira! —grité cuando pensé que el que me conducía con la linterna podía oírme. Se detuvo, puso la luz entre los dos y me miró. ¡Era Porfirio! Me abracé a él y me eché a llorar.

—Tranquilo, Alfredo —me dijo—. La encontraremos. Toma esta linterna y ve hacia el boquete por el que entrasteis. Peláez y el ingeniero están allí; pero no te preocupes, que están a buen recaudo.

En ese momento apareció junto a nosotros Sergio Brandón, que traía a su hija en brazos.

Sentí una terrible angustia.

—¿Está bien? —pregunté con un hilo de voz.

—Sí, estoy bien —contestó ella misma—. Lo único, que me debo de haber torcido un tobillo —sonreía. Entre sus brazos llevaba la carpeta azul—. Pero he pasado un miedo… No sabía dónde estabas, Alfredo, ni si te había pasado algo.

—Habéis sido muy valientes —dijo Porfirio, emocionado—. Pero ya terminó todo para vosotros. Id con Sergio hacia la salida. Yo tengo que acabar algo.

—Espera, voy contigo —dijo Sergio.

—No, no. Tú lleva a Elvira y a Alfredo fuera. Esto es asunto mío —dijo Porfirio y, acto seguido se puso a la espalda una especie de bomba con una man-

guera, se la sujetó con correas y se fue hacia lo profundo del túnel.

Todos los demás seguimos andando hacia el resplandor de la luz que se veía ya en el otro extremo.

—¿Dónde va Porfirio? —preguntó Elvira a su padre.

—Va a fijar el agujero. Esta tarde conseguimos por fin la fórmula del precipitado y hemos venido lo más rápidamente posible. Esperemos que no sea demasiado tarde y que funcione con un agujero tan grande y tan activo. Si no…

De repente tuve miedo por Porfirio.

El boquete por el que habíamos caído Elvira y yo lo habían agrandado. Había bomberos y enfermeros, y una escalera de cuerda para que pudiésemos subir. Había focos que iluminaban el interior. Se oyeron voces de alegría que celebraban el vernos sanos y salvos. Pero justamente, cuando estábamos a punto de comenzar la ascensión, algo tremendo sucedió allí dentro. El sordo rugido subió tanto de volumen que tuvimos que taparnos los oídos. Nos dolían los tímpanos. Y casi al mismo tiempo unas tremendas convulsiones sacudieron las paredes del túnel. Caímos todos al suelo y rodamos como muñecos. Era espeluznante. Me sentía tan pequeño y tan débil a merced de aquella inmensa energía descontrolada… No sé cuánto tiempo estuvimos rodando de un lado para otro, catapultados por los violentos vaivenes del túnel. Era como una pesadilla. A veces las paredes se estrechaban casi hasta tocarse, luego se ensanchaban desmesuradamente, se ondulaban, se contraían… Parecía como si estuviésemos dentro de un espantoso y gigantesco animal herido de muerte que se retorcía y bramaba cada vez con más fuerza. Cuando parecía que aquello iba a estallar en mil pedazos, cuando más intenso era el estruendo, poco a poco comenzaron a disminuir los estertores y luego, bruscamente, sobrevino la calma más absoluta.

Todo se detuvo. Se produjo un silencio inconcebible. Apenas podíamos creerlo, pero sí, definitivamente, el agujero había dejado de estar vivo.

Los médicos que nos reconocieron nada más salir no hallaron lesiones importantes. Un soldado había caído desde lo alto del agujero de entrada y se había roto una clavícula y a Elvira le dolía aún más el tobillo. Todos los demás teníamos moratones y magulladuras, simplemente.

Las ambulancias estaban preparadas para trasladarnos de todas formas, aunque fundamentalmente lo que padecíamos todos era un fuerte impacto emocional.

La gente que se había concentrado alrededor de la zona, por toda la plaza (pues al parecer el terrible final del agujero se había oído desde muchos puntos de la ciudad), nos recibió entusiasmada. Todos intuían, sin necesidad de que nadie tuviera que explicárselo, que por fin la pesadilla había terminado.

Pero lo más impresionante fue la aparición súbita de Porfirio, del cual, con tantas emociones, nos habíamos olvidado todos. Traía su entrañable americana a cuadros destrozada, sucia, el pelo revuelto, la mirada ausente. Venía andando hacia nosotros como un autómata entre el profundo silencio de la multitud. Sergio corrió hacia él y lo abrazó.

Una conmovedora ovación sonó desde todos y cada uno de los rincones de la plaza.

Enseguida los enfermeros se hicieron cargo de él y tuve la suerte de que le instalaran en la misma ambulancia en la que estaba yo. Durante el viaje al hospital no dijo una sola palabra.

Esa misma noche vinieron mis padres y mi abuela Josefina. Yo estaba bien y tenía la cama en la misma habitación que Elvira, a la que habían escayolado la pierna. La abuela nos abrazó a los dos muy emocionada, y a mis padres, que habían estado preocupados, les estuve contando todas las peripecias de aquellos ajetreados días. Las monjas no dejaban pasar a los periodistas que acudían continuamente a entrevistarnos, y esa noche dormimos hasta altas horas de la mañana un sueño reparador, aunque repleto de pesadillas.

A la mañana siguiente vino Sergio, el padre de Elvira, con el periódico. En la foto de la primera página aparecíamos ella y yo en el momento de salir del agujero. Elvira tenía la famosa carpeta en la mano.

Luego pasaron muchas cosas hasta que la vida volvió a su cauce normal. Se acabaron aquellas vacaciones de verano, volví a casa, comenzó el curso…

Han transcurrido muchos años desde entonces, pero lo que más he sentido siempre ha sido no volver a saber nada de Porfirio. Desde aquella tarde, en la ambulancia, no le he vuelto a ver.

Dicen que esa misma noche se escapó del hospital.

A veces Elvira y yo recordamos aquellos emocionantes días. Ella ahora es periodista, como lo fue su padre, y apenas si consigue recordar los rasgos de Porfirio. Yo, en cambio, nunca lo olvidaré, sentado bajo los soportales de la plaza, con sus grandes zapatones colorados y su maletín de cuero...

Sé, sin embargo, que algún día acabaré teniendo noticias suyas. Y si este escrito llega por casualidad a sus manos, quiero que sepa que fue mi primer auténtico maestro y que le estaré siempre agradecido por haber podido compartir con él unos momentos tan importantes en mi vida. Y pedirle que me mande unas letras desde donde quiera que esté, tanto si es una pequeña escuela de un pueblo perdido dando clases de Química, como un tremendo y ultramoderno laboratorio en un lejano país haciendo portentosos descubrimientos. A Elvira y a mí nos daría una inmensa alegría.

ÍNDICE